Dagmar Chidolue

Ein Pferd für Millie

Illustrationen von
Gitte Spee

Dressler Verlag · Hamburg

Viele andere Millie-Geschichten
erzählt Dagmar Chidolue in ihren Büchern:

Millie in der Villa Kunterbunt
Millie wird Millionär
Millie am Nordpol
Millie an der Nordsee
Millie geht zur Schule
Millie gründet eine Bande
Millie in Afrika
Millie in Istanbul
Millie in Tirol
Millie in Wien
Millie kocht

MIX
Papier aus verantwor-
tungsvollen Quellen
FSC® C014496

Originalausgabe
2. Auflage
© Dressler Verlag GmbH, Hamburg 2015
Alle Rechte vorbehalten
Lektorat: Maren Jessen
Titelbild und Illustrationen: Gitte Spee
Druck und Bindung: GGP Media GmbH, Pößneck
Printed 2015/II
ISBN 978-3-7915-2749-9

www.dressler-verlag.de

Inhalt

Hemingway und Tamino

Zu blöd, dass fast schon wieder Schlafenszeit ist. Mama
denkt immer, dass Millie zur gleichen Zeit wie ihre
kleine Schwester ins Bett gehen soll. Na gut, sie darf
dann noch ein bisschen lesen … solange es draußen
einigermaßen hell ist. Die Vorhänge im Kinderzimmer
sind zum Glück gelb und lassen ausreichend Licht
durchscheinen. Lesen mit Taschenlampe … das haben
Papa und Mama verboten. Weil Trudel auf die Idee
kommen könnte, dass sie dann noch mit ihrem Feuer-
wehrauto spielen darf. Lesen kann sie ja nicht. Sie ist
erst drei Jahre alt. Aber Krach machen mit dem Tatütata-
Auto … das kann sie!
Nix da. Sie soll einfach nur ruhig mit ihrem Nuckel-
hasen kuscheln. Oder mit dem Jogi-Buh-Buh-Bären.
Obwohl … ihr **Favorit** ist im Moment Tamino, das
Plüschtier, das Tante Gertrud ihr neulich mitgebracht
hat. Das Pferdchen war **der Hit**.
Und Millie hat eine Halskette bekommen! *Rosa Sweety
Horse!* Ist auch toll.
Als Mama Millie und Trudel jetzt daran erinnert, dass

sie sich langsam fürs Bett fertig machen sollen, protestiert Millie: »Hast du vergessen, dass ich erst Hemingway Gute Nacht sagen muss?«

Mama seufzt aus tiefstem Herzen.

Das ist doch inzwischen schon **ein Ritual**, Mama!

Seit ein paar Wochen läuft Millie nämlich jeden Abend über den Trampelpfad in der Böschung runter zum Spielplatz, dann hopplahopp weiter bis zur Straße. Ja, ja … sie schaut nach links und nach rechts und dann wieder nach links, bevor sie die Fahrbahn überquert und die Wiese erreicht. An der Ecke von dem Grundstück, wo der brummige Herr Mayer einen offenen Stall aufgestellt hat, hält sich abends Hemingway auf, das bejahrte Pferd von Herrn Mayer, das Tag und Nacht mutterseelenallein auf der Weide steht.

»Sag mal, wieso besuchst du eigentlich ständig diesen alten Gaul?«, fragt Papa. »Der ist doch bestimmt schon blind …«

»… und bekommt jetzt sein Gnadenbrot«, führt Mama den Satz zu Ende.

»Der kann ja jeden Tag …«

Papa verstummt. Er soll bloß still sein!

Das mit dem Gnadenbrot, das der alte Mayer seinem
Pferd gewährt, findet Millie prima. Sie mag den Mann
trotzdem nicht. Der grummelt sich nur was in den Bart
und schaut Millie skeptisch an, wenn er sie am Zaun
der Weide stehen sieht. Dabei bringt Millie Hemingway
immer etwas Brot mit, harte, trockene Weißbrot- oder
Graubrotscheiben, die ihr das Pferd mit dem Maul
aus der Hand schnappt und krachend zermahlt. Die
Brocken, die dabei auf den Boden fallen, findet Hemingway nicht … vielleicht sieht er wirklich schlecht und

alle Zähne wird er auch nicht mehr haben. Er rupft den ganzen Tag lang frisches Gras. Sonst hat das Pferd nichts mehr zu tun. **Ausgedient!** Hat früher wahrscheinlich jahrelang für den alten Mayer schuften müssen. Auf dem Apfelhof. Den Karren mit den geernteten Äpfeln zur Kelterei gezogen. Und jetzt, wo er alt und grau ist, hat der Bauer ihn sozusagen begnadigt und nicht von irgendjemandem einfach abholen lassen …

Millie läuft also noch schnell hinüber zu Hemingway. Er ist ein Wallach, das heißt, dass er nie ein wilder Hengst gewesen ist. Und eine lahme Stute auch nicht.

Hups, sie hat das Brot vergessen. Sie dreht sich um, überlegt, ob sie zurücklaufen soll. Lieber nicht, sonst geht sie möglicherweise Mama und Papa damit auf die Nerven. Trudel steht bestimmt auf einem Küchenstuhl am Fenster und sieht ihr nach. Winke, winke.

Da kein Auto in Sicht ist, flitzt sie über die Straße und läuft am Zaun der Weide entlang.

Hemingway steht im hölzernen Unterstand. Sieht aus, als würde er schlafen, er hat die Augen geschlossen. Millie schnalzt mit der Zunge, einmal, zweimal …

Mann, der soll endlich aufwachen, er müsste doch wissen, dass sie ihn jeden Abend besucht.

Früher hatte Millie Angst vor Pferden. Schiss in der Buxe. Aber seitdem sie mit der blöden Ziege Mercedes eine abenteuerliche Geschichte auf dem Reiterhof erlebt hat, traut sie sich, einen Pferdehals zu tätscheln und sogar die weiche Schnute zu streicheln. Damals war die Schwester vom doofen Mario sogar mal für was zu gebrauchen gewesen. Im normalen Alltag geht Millie ihr lieber aus dem Weg. Weil Mercedes so etepetete ist. Nicht auszuhalten!

Jedenfalls hat Millie gelernt, dass sie sich nicht unbedingt vor Pferden fürchten muss. Trotz des großen Kopfes, trotz des riesigen Mauls und trotz der langen Zähne.

Millie schnalzt wieder mit der Zunge, klacktack. Vielleicht wird Hemingway allmählich schwerhörig? Klacktack, klacktack … da endlich wird das Pferd wach, ruckartig. Und dann kommt es tatsächlich – Schrittchen für Schrittchen – näher.

Zu blöd, dass Millie heute kein Leckerli dabeihat. Geht auch ein Büschel vom zarten Gras? Sie rupft eine Handvoll ab und hält es dem Wallach vor die Schnute. Der schnappt mit den Lippen danach, schüttelt seinen Kopf, dass die Hälfte auf den Boden fällt, kaut und schluckt. Leider frisst er keine Karotten mehr, die sind ihm zu hart.

Hemingway ist jetzt so nah am Zaun, dass Millie ihm sanft über die ergraute Pferdeschnauze streichen kann.

So weich das Maul! Wie Samt und Seide. Pferde streicheln ist **das Schönste auf der Welt**! Noch schöner wäre allerdings, wenn sich kein Zaun zwischen ihnen befände. Ob Millie sich das wirklich trauen würde?

Jetzt macht Hemingway einen weiteren Schritt und legt den Kopf über die oberste Latte vom Bretterzaun. »Mein Guter«, murmelt Millie, »du bist mein guter Guter.« Was soll sie sonst zu ihm sagen? Sie kann ihm ja keine Geschichte erzählen. »Was hast du denn so den ganzen Tag getrieben?« Mehr fällt ihr nicht ein.

Der Wallach steht ganz still. Er hat sich mit der vollen Längsseite seines Körpers an den Zaun gelehnt. Millie tätschelt ihm die Schnute, klopft auf den Hals und schubbert den hohen Rist oben auf dem Rücken. Das hat er total gern! Bestimmt findet er es richtig schön, dass Millie ihn besuchen kommt. Ein Pferd ist nämlich nicht gern alleine, auch wenn es alt ist. Ein Pferd ist ein Herdentier, das weiß Millie genau. Wie sehr würde sich Hemingway über einen Kumpel freuen, der mit ihm den lieben langen Tag verbringt! Sie ist ja nur abends da. Außerdem ist sie kein Pferd.

Als Millie sich endlich von Hemingway getrennt hat und zu Hause angekommen ist, muss sie gleich ihrem Herzen Luft machen.

»Kann denn der alte Mayer
nicht mal einen Freund für
Hemingway besorgen?«, fragt
sie empört, obwohl sie weiß,
dass weder Mama noch Papa
Einfluss darauf haben.
»Herr Mayer!«, korrigiert Mama.
»Und was für einen Freund
meinst du überhaupt?«
»Sie meint … ein anderes
Pferd.« Papa hat Millie ver-
standen. »Und sie hat recht«,
fährt er fort. »Pferde sollten nicht alleine auf der
Weide stehen. Die müssen sich gegenseitig schubbern
können, Fellpflege und so.«
So was weiß Papa?
»Und zum Liebhaben«, wirft Millie ein.
»Küss-hen, Küss-hen«, ruft Trudel.
Küsschen, Küsschen? Ey, die hat keine Ahnung. Pferde
küssen sich doch nicht!
»Also, lasst den alten Mann in Ruhe«, sagt Mama. »Der
wird wissen, was er macht. Früher hat er bestimmt
mehrere Pferde gehabt. Der kann auch nicht mehr so,
wie er will. Dieses Pferd da auf der Wiese … dieser …«
»Hemingway«, hilft Millie.

»Dieser Hemingway ... ist sicherlich das letzte von all seinen Arbeitstieren. Es ist nett, dass er ihm Futter gibt und ein Dach über dem Kopf. Wahrscheinlich denkt er, dass er selber eines Tages nicht einfach so in ein Pflegeheim abgeschoben werden will.«

»Ist er denn schon hundert?«, fragt Millie nach.

»Na, so alt nicht«, meint Mama. »Achtzig jedoch könnte er sein. Wie auch immer ... ihr geht jetzt ins Bett, Kinder.«

Ja, ja, ja ...

»Aber ein Pferd für Hemingway wäre trotzdem prima«, knurrt Millie.

»Fääähäääärt?« Trudel reißt die Augen weit auf.

»Fääähäääärt? Trudel hat Fääähäääärt«, ruft sie und flitzt ins Kinderzimmer.

Na, das wüsste Millie aber!

Und was schleppt die kleine Schwester jetzt an?

Ah! Das dunkelbraune Pony, das Tante Gertrud ihr mitgebracht hat. Das Plüschpferd mit der hellen Mähne und dem langen, zotteligen Schwanz.

Trudel strahlt. »Fääähäääärt«, sagt sie. »Mein Fääähäääärt Tamino.«

Schon klar. Und das will Trudel opfern? Damit der Wallach auf der Wiese drüben nicht mehr alleine ist?

Da lachen ja die Hühner! Aber trotzdem ist es
anständig von Trudel.

»Na, dann geh jetzt mal mit Tamino schlafen«, brummt
Papa.

»Erst Zähne putzen!«, mahnt Mama. Sie will solange
auf das Kuscheltier aufpassen. »Und Millie soll sich
gründlich waschen. Schätzchen, du riechst nach Pferd!«
Na und? Riecht doch gut!

Vor dem großen Waschbecken im Badezimmer haben
beide Kinder Platz. Trudel steht allerdings auf einem
kleinen Fußbänkchen, damit sie den Zahnpasta-Matsch
ordentlich ausspucken kann und der nicht auf dem
Boden landet.

Millie ist so lieb und singt das Zahnputz-Lied vor.

Hin und her,
hin und her,
Zähneputzen ist nicht schwer.

Rauf und runter,
rauf und runter,
kleine Trudel,
bleib doch munter.

Trudel murmelt mit Zahnpasta-Schaum vorm Mund:
»Hng, hng.« Sie mag das Lied sehr. Sonst würde sie
nicht brav sein und ihre Zähnchen freiwillig putzen.
Also weiter.

Links und rechts und kreuz und quer.
Auf und ab und hin und her,
Zähneputzen, das ist toll,
Trudel macht das, wie man's soll.

»Hng, hng, hng, hng.«
Jetzt könnte die kleine Schwester langsam damit auf-
hören.
Eine weitere Strophe? Die muss sich Millie ausdenken,
denn eigentlich hat das Lied nur zwei. Gut.

Und nach all den süßen Sachen,
muss man Zähne sauber machen.
Zähneputzen, das bringt Spaß.
Endlich fertig? Sag doch was!

Trudel sagt nichts, sondern spuckt den weißen Schaum
mit Karacho ins Waschbecken.

Nachspülen!

Erledigt!

»Hm«, macht Mama, als ihre Kinder zum Gute-Nacht-
Sagen ins Wohnzimmer pesen. »Jetzt riecht ihr wirklich
gut.«

»Küss-hen, Küss-hen, Mami«, sagt Trudel.

Schmatz, schmatz.

Dann schnappt sie sich Tamino, ihr Kuschelwuschel-
Pferd, und patscht barfuß hinüber zu Papa. »Küss-hen,
Küss-hen, Papi.«

Papa hält ihr nur die Wange hin. Er ist in seine Zeitung vertieft.

»Na, das kommt ja wie gerufen«, murmelt er. »Hier könnte Millie sich ihren Wunsch vielleicht erfüllen.«

Wie? Was? Wo? Was für einen Wunsch?

Zeig her, Papa!

Papa weist mit dem Finger auf eine kleine Notiz unten links auf Seite 17 der Tageszeitung. Er grinst, als ob er nur Spaß gemacht hätte. Aber was in der Zeitung steht, ist immer ernst gemeint. Außer auf der **Witzeseite**. Millie liest laut vor:

Einmal jährlich werden einjährige Hengste in dem Wald- und Moorgebiet per Hand und ohne Hilfsmittel eingefangen. Hier lebt die in ganz Europa einzig ver-bliebene Herde wilder Pferde. Jm Anschluss an den Wildpferdefang können die kleinen Hengste ersteigert werden. Es gibt auch die Gelegenheit, an der Verlosung der ersten fünf Junghengste teilzunehmen.

Papa schaut Mama an. »Wäre das nicht was für uns? Das ist genau zu der Zeit, wo es diesen freien Brücken-tag gibt. Da wollten wir doch sowieso einen Ausflug machen.«

Keine Frage!

»Es gibt auch ein Vorprogramm mit Reitervor-
führungen …«
Ist Millie doch egal!
»… und musikalische Darbietungen, …«
Ist Millie doch egal!
»… Speisen und Getränke …«
Ist Millie doch egal!
»… und Eis …«
Ist Millie … nicht ganz egal. Das Wichtigste aber ist,
dass sie beim Wildpferdefang ein Pferdchen für ihren
Freund gewinnt! Ihr Herz klopft vor lauter Aufregung.
Wie sich der einsame Hemingway drüben auf der Weide
freuen wird! In der Zeitung ist sogar ein Bild der wilden
Herde abgebildet. In Farbe! Die Pferde sehen toll aus.
Es gibt sie in Beige, Grau, Graubraun und Schwarz-
braun. Und sie haben schöne Mähnen,
manche mit langen Ponyfransen.
Mama ist sofort einverstanden.
»Das ist eine gute Idee«,
meint sie. »Ich kümmere
mich gleich morgen um
die Unterkunft.«
Und die Eintrittskarten,
Mama! Wird wohl nicht
alles ganz **umsonst** sein.

Papa erhebt sich stöhnend. Er gähnt. Schon müde? Er reckt und streckt sich und murmelt: »Und ich sollte mich dann wohl um den Transport von Millies Pferd kümmern, was?« Er zwinkert Mama zu.

Manno, die nehmen Millie gar nicht ernst!

Abwarten!

»Aber jetzt geht's erst mal ab in die Falle«, sagt er und scheucht beide Kinder mitsamt Trudels Pferdchen in ihr Zimmer.

»Küss-hen, Küss-hen«, sagt Trudel zu ihrer Schwester und hält ihr Tamino vor die Nase.

Nee … komm … Pferde küsst man nicht.

Oder doch?

Frau … Wie heißt sie noch?

Mama hat ein Hotel gebucht; das Naturschutzgebiet,
wo die wilden Pferde wohnen, ist nämlich nicht
gleich um die Ecke. Eintrittskarten für den Fang der
jungen Hengste hat sie ebenfalls organisiert. Dass das
geklappt hat! Millie platzt fast vor Aufregung.
Und jetzt sind sie auch schon unterwegs in Richtung
Norden, immer geradeaus … der Nase nach.
Wenigstens ein Mal müssen sie die Autofahrt
aber für eine Pipipause unterbrechen, das
dürfte klar sein.

»Auf der Raststätte oder in einer Stadt?«,
fragt Mama.

»Stadt ist interessanter«, meint Papa.

»Wir haben Zeit.«

»Tamino muss Pipi machen«, sagt Trudel.

»Ganss viel. Ganss doll.«

»Aha«, sagt Mama. »Verstehe.«

Auch Millie hat das kapiert. Es ist also
dringend. Papa biegt demnach sofort ab
und nimmt Kurs auf die Stadt. Hoffentlich

gibt es nicht zu viele rote Ampeln auf dem Weg. Dann könnte es zu spät sein!

Ohhh, alle Ampeln stehen zum Glück auf Grün. Und da ist sogar ein freier Parkplatz, gleich neben dem Kaufhaus. Auf dieser Reise geht ja alles glatt! Ein gutes Zeichen.

Mama ist bereits mit Trudel ins Kaufhaus gestürzt. Die WCs sind meistens im Untergeschoss oder in der vierten Etage, Mama! Dalli, dalli!

Millie krabbelt langsam aus dem Auto. Hups, die kleine Schwester hat ihr Pferdchen liegen gelassen! Obwohl das doch so dringend aufs Klo musste!

Und wo werden sie Mama und Trudel wiederfinden?

»In der Radioabteilung?«, vermutet Papa.

Wie kommt er denn auf so was?

»Oder bei den Klamotten«, überlegt Millie. »Mädchen, Größe 134 bis Größe 146.«

Papa schüttelt nur den Kopf. Er schlägt vor, im Eingangsbereich, wo Mama und Trudel verschwunden sind, auf sie zu warten. »Wäre eigentlich logisch, dass sie hierher zurückkommen, oder?«

Millie weiß nicht, ob das logisch ist. Logisch wäre vielleicht, die beiden einfach ausrufen zu lassen:

Achtung, Achtung! Wir bitten um Ihre Aufmerksamkeit. Die kleine Trudel und ihre Mama möchten sich bitte in der Spielwarenabteilung einfinden. Dort warten Vater und Schwester. Zwischen den Barbie-Häusern und den Steffi-Schwimmbädern.

Um sich dort gründlich umsehen zu können, haben sie leider nicht genügend Zeit. Oder … Papa?

Und jetzt sind Mama und Trudel tatsächlich aufgetaucht. Im Eingangsbereich. Logisch!

Okechen! Dann kann's ja weitergehen. Millie ist schon sooo gespannt.

Am späten Nachmittag haben sie endlich ihr Hotel erreicht. Für sie ist bestimmt ein Zimmer mit vier Betten reserviert. Oder mit zwei Betten, einem Kinderbett und einer Couch.

Weil es beim Doppelbett eine **Besucherritze** zwischen Mamas und Papas Seite gibt, besteht die kleine Schwester darauf, zwischen den Eltern zu schlafen. Und für Tamino ist da ebenfalls noch Platz.

Wie schön, mal zur gleichen Zeit mit den Großen ins Bett zu gehen! Yippie! Nur Trudelchen macht Rabatz. Sie kniet sich hin und hält Papa ihr Kuschelpferd vor die Nase. »Hier ist Besuch«, kräht sie. Und hält Mama Tamino vor die Nase: »Hier ist Besuch.«

Mannomannomann! Papa seufzt aus vollstem Herzen.
Trudel geht aber nicht nur ihm, sondern auch Mama
und besonders ihrer großen Schwester auf den Geist.
»Klappe!«, brüllt Millie schließlich.
Und?
Trudel hält den Mund. Na, siehste.

Nach dem Frühstück am nächsten
Morgen, mit lecker Brötchen,
Honig und was-nicht-alles,
geht es los. Nein, nein, noch
nicht mit dem Wildpferdefang.
Mama hat eine Führung ver-
einbart. Bevor die Pferde am Tag
drauf in eine große Arena getrieben werden, wollen sie
die Tiere **in freier Wildbahn** erleben.
Eine Führung kann langweilig sein. Hat Millie alles
schon erlebt:

**Und hier, meine Damen und Herren, sehen Sie die
Kirche, die zu Zeiten von Karl Dingsbums erbaut
wurde, und dort befindet sich der Kreuzgang, in dem
der heilige Sankt Nimmerlein gewandelt ist …
und vor Ihnen …**

Huah!
Diese Führung wird anders sein, verspricht Mama.
In dem Naturschutzgebiet darf man *nicht* herumlaufen,
wie man will. Das dürfen nur die wilden Pferde.
Besucher müssen sich an die Wege halten. Dafür sorgt
die Försterin.
»Was?«, fragt Millie. »Eine Försterin?«

Sie hat bisher nur von einem Förster gehört … oder
von dem Jäger. Die kommen immer in Märchen vor:
Rotkäppchen und *Schneewittchen* und …
Es war einmal ein Förster, der ging in den Wald auf die Jagd,
und wie er …
Warte … warte … Ja! Das ist der Förster aus *Fundevogel*.
Aber **nie, nie, nie** hat Millie von einer Frau Försterin
gehört.
Verabredet sind sie an einem Gatter, dem Haupteingang
zu der Wildpferdebahn.
»Bahn, Mama? Wieso Bahn?«
»Na, das kann man auch zu einem Weg sagen oder zu
einer Schneise im Wald.«
»Ssneise?«, fragt Trudel, die das Wort wohl noch nicht
kennt. Klingt gut, und je öfter man das ausspricht, desto
besser fühlt es sich im Mund an. Eine Mischung aus
Schnee und Eis und leise Meise: Schneise.
Am Tor vor dem abgesperrten **Areal** wartet ein Auto.
Ein grüner Kasten mit hohen, ruppeligen Rädern. Das
ist bestimmt das Auto von Frau Försterin.
Richtig! Da klettert sie aus dem Wagen. Zuerst sieht
Millie einen grünen Hut. Ein Hütchen, genau genom-
men.
Papa grinst. »Das sieht ja ziemlich keck aus.«
Keck? Das ist ein neues Wort, das Millie sich merken

muss. Schon am Tonfall hört man,
dass es eine Mischung aus *schick*
und *witzig* ist.

Unter dem grünen Hut steckt
also die Försterin. Jetzt ist sie
vollständig aus dem Kastenauto
gestiegen und kommt auf sie
zugelaufen.

Frau Försterin passt zu ihrem
Hut. Und auch sonst ist sie
von oben bis unten grün an-
gezogen, bis hinunter zu den
Stiefeln. Ist das eine **Tarnfarbe**?
Weil sie im Wald wie ein Baum aussehen will? Oder
wie ein Busch? Damit die wilden Pferde nicht vor ihr
erschrecken? Und die wilden Füchse. Oder die wilden
Schweine. Jaha, die gibt es auch in einem Wald!
Die Försterin stellt sich vor. Na, die hat einen komischen
Namen. Hat Millie das richtig verstanden? Heißt sie …
Frau Rübezahl?
Nee … Rövekamp. Geht ja noch. Ist jedoch nicht so ein-
fach wie Meier, Müller, Schulze. Millie wird ein bisschen
üben müssen.
Wie aufregend … die kecke Försterin will sie tatsächlich
zu den wilden Pferden bringen.

»Es werden sich außerdem einige andere an der Führung beteiligen«, erläutert sie. »Die warten am gegenüberliegenden Eingang auf uns. Ein Sturkopf ist auch mit von der Partie, so ein Tierfilmer mit seinem Hund. Obwohl ich ihm davon abgeraten habe, den Vierbeiner mitzunehmen.«

»Warum denn das?«, fragt Papa überrascht.

»Nun«, sagt die Försterin. »Ich hatte einmal meinen Hund dabei, der mir plötzlich nicht mehr gehorchen wollte und in die Herde reingelaufen ist.«

»Oje!«, ruft Mama erschrocken. »War das schlimm?«

»Nich sslimm«, sagt Trudel, als hätte sie gerade was angestellt. Sie schmiegt sich an Mamas Beine.

»Ich hätte es eigentlich wissen müssen«, sagt Frau Rübe-zahl.

Millie! Rövekamp!

Ach ja.

»Für Pferde mit gutem Instinkt gibt es eigentlich nur zwei Feinde«, erklärt die Försterin. »Einen, mit dem sie fertigwerden, und einen, vor dem sie flüchten.«

»Ach, so ist das«, meint Papa.

»Nämlich den Bären und den Wolf«, führt die Försterin aus. »Und Wildpferde haben ihren Urinstinkt bewahrt.«

»Es gibt hier keine Bären und keine Wölfe mehr«, weiß Millie.

»Das schon«, sagt die Försterin. »Aber schau, der Hund stammt von den Wölfen ab und sieht ihnen bis heute ähnlich.«

»Jetzt ist mir das klar.« Mama hat kapiert, dass die Pferde meinen, mit so einem Hund werden sie fertig, wenn sie nur zusammenhalten. Der Hund ist für sie wie ein Wolf.

»Und was ist mit dem Bären?«, will Millie von Frau Löwenschwanz wissen. Äh … von Frau … wie heißt sie noch?

Frau Rövekamp hebt beide Arme hoch über den Kopf. »Na, und wie sehe ich nun aus?«

Wie ein Bär mit einem kecken, grünen Hütchen! Davor haben die Pferde Schiss und hauen ab? Gut zu wissen.

Wenn es nachher mitten in der Herde für Millie eng werden sollte, dann macht sie den Bären. Logo.

Würde sie sich denn überhaupt mitten in die Herde trauen? Och … mit Frau Försterin an der Seite wird das schon gehen. Die hat ja damals auch ihren Hund gerettet.

»Jedenfalls habe ich den Mann gewarnt, aber bei so einem Sturkopf redet man gegen eine Wand. Und jetzt folgen Sie mir bitte mit Ihrem Wagen«, fordert sie Papa auf. »Wir fahren ein Stück in die Wildpferdebahn hinein, stellen die Autos ab und gehen dann zu der Herde.« Schon ist sie bei dem Eisengatter und will es öffnen. Sie dreht sich vorher aber noch einmal um.

»Apropos«, sagt sie und schaut ihnen auf die Füße. »Habt ihr vielleicht andere Schuhe dabei?«

Wie? Sind Millies hellblaue Mustangs vielleicht nicht hübsch genug? Jetzt sieht sie jedoch, dass die Wege hier total matschig und zertrampelt sind. Ach herrje! Das wäre **der Untergang** für ihre supertollen Schuhe. Mama hat an alles gedacht. Sie hat geahnt, dass sie hier mit ihren goldfarbenen Sneakers und Papas Slippern nicht das passende Schuhwerk haben; sie hat für alle Gummistiefel in den Kofferraum gepackt. Millies Stiefel sind ebenfalls hübsch! Rosafarben mit orangeroten Blütenblättern drauf. Die sind matscherprobt.

»Sie können die Schuhe später wechseln«, schlägt die Försterin vor. »Jetzt bitte erst durchs Tor fahren. Ich muss es hinter uns schließen.«

Alle Mann einsteigen!

Papa lässt das Auto an und kutschiert es langsam durch das offene Gatter. Auch die Försterin muss ihren Wagen zunächst auf das Gelände bringen. Dann macht sie das meterbreite Tor zu und fährt anschließend vor, die Frau … Wie heißt sie noch?

Im Graben

Der Himmel ist ziemlich bedeckt. Hoffentlich wird es nicht regnen.

»Wäre halb so schlimm«, sagt Mama. »Ihr habt eure Anoraks an. Und die haben Kapuzen.«

Stimmt, nur sieht man mit Kapuze auf dem Kopf ganz schön blöd aus. Kein Vergleich mit so einem kecken Förster- hütchen. Zur Not können sie aber auch ihre Schirme aufspannen, Trudel ihren rosafarbenen mit Wald- und Wiesenfee drauf und Millie ihren gelben Schmetter- lingsschirm. Und Mama und Papa haben bestimmt  an ihren riesigen schwarzen Schirm gedacht, unter dem zwei Leute Platz finden. Sie müssen sich allerdings **unterhaken**.

Stopp!

Dort, an der Seite, neben dem Graben und dem angrenzenden Zaun, sieht Millie die ersten Pferde. Sie haben sich im Wald verteilt und rupfen das frische Grün vom Boden ab, ohne sich stören zu lassen. Und wenn Millie genau hinsieht … boah! … das sind mindestens hundert Wildpferde. Alle haben den Nacken gebeugt und fressen und fressen und fressen. Ihre Leiber haben wirklich die Farben, die auf dem Bild in der Zeitung zu sehen waren, beige, grau, graubraun, schwarzbraun, und einige weisen alle Farbtöne gleichzeitig auf.

Frau … hmhmhm … Möhrenstrang? … nein, nein, nein … Frau Rövekamp hat ebenfalls angehalten. Schnell ziehen alle ihre Gummistiefel an. Mama hilft

Trudel natürlich, aber Papa und Millie sind schon groß, die Füße flutschen von selber hinein. Ohne festhalten!

»Na?«, sagt die Försterin und weist mit dem Kopf auf die wilde Herde.

Was will sie denn wissen?

»Davon gewinne ich eins«, sagt Millie.

»Sicherlich«, meint die Försterin und guckt Mama und Papa auf eine ganz bestimmte Art und Weise an, auf eine komische Art und Weise.

»Sicherlich«, wiederholt Papa und verdreht die Augen. Muss er gar nicht!

»Ey!«, ruft Millie aus. »Die da vorne haben Zebrastreifen auf den Beinen. Stammen die etwa aus Afrika?«

»Nun ja«, erläutert die Försterin. »Sie weisen die Merkmale aller Wildpferde auf. Viele haben diese Streifen an den Beinen und einige den sogenannten Aalstrich auf dem Rücken, diese dunkle Linie, die sich den Rücken entlangzieht.«

»Aalstrich … von Aal?«, fragt Mama nach.

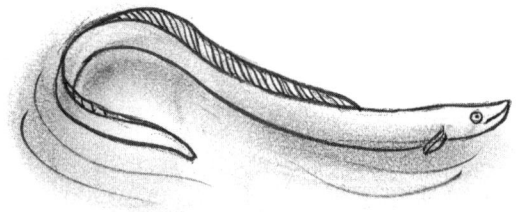

»Richtig«, sagt Frau Rövekamp. »Wie der Fisch.«

»Fiss?« Trudel zieht eine Schnute. »Wo iss der Fiss?«

Ach, Trudel!

»Unsere Pferde leben hier seit dem frühen Mittelalter«, beginnt die Försterin.

Mama und Papa nicken, nur Millie hat keine Ahnung, was das mit dem Mittelalter auf sich hat. Es hört sich an, als müssten die Tiere uralt sein, mitteluralt.

Frau Rövekamp merkt, dass Millie ein wenig verwirrt ist, und außerdem ist die Försterin noch nicht fertig mit ihrer Geschichte.

»Also … bereits vor siebenhundert Jahren gab es Vorfahren der Herde in diesem Gebiet, das sich Bruch nennt, genauer gesagt: Merfelder Bruch.«

Kommt *Bruch* vielleicht von *brechen*? Weil hier so viel abgebrochenes Holz herumliegt? Hmhmhmhmhm.

Jedenfalls knabbert die Herde auch an der Rinde von den auf dem Boden liegenden Ästen. Warum denn das?

»Dazu später«, sagt Frau … Löwenschwanz … hoppla, jetzt ist es Millie wieder passiert … Frau Rövekamp. Wieso später?

»Am anderen Eingang wartet eine Schulklasse aus dieser Gegend auf uns«, erklärt die Försterin. »Dann muss ich nicht alles zwei Mal erzählen.«

Na, hoffentlich sind in der Klasse keine blöden Kinder

dabei. Keine zickigen Mädchen und bloß keine Jungs, die Mädchen immer ärgern wollen.

Jetzt weiter mit der Geschichte der wilden Pferde! Manchmal sind Tiere von den Bauern aus der Umgebung abgehauen. Das eine oder andere Pferd wollte frei sein und hat sich der wilden Horde angeschlossen. Na gut, haben die Wildlinge wohl gedacht, wenn das ein netter Kerl ist … Vielleicht sind so die schokoladenbraunen Fellfarben in die Herde gekommen. Und Pferde und Zebras sind sowieso verwandt. Zebras sind die wilden Pferde Afrikas.

»In unserer Herde gibt es unterschiedliche Familien«, sagt die Försterin. »Die bleiben als Gruppe zusammen, die laufen immer hintereinander her. Das werdet ihr sehen, wenn wir uns später mitten in die Herde hineinwagen.«

»Meinen Sie das im Ernst?«, fragt Papa und kratzt sich am Kopf. Die Idee, sich unter hundert wilde Tiere zu begeben, scheint ihm nicht sonderlich zu behagen.

Aber Millie ist begeistert. »Au ja!« Dann kann sie sich schon mal ihr Pferdchen aussuchen, dass sie in ein paar Tagen mit nach Hause nimmt.

»Natürlich werden wir uns der Herde nähern« sagt Frau Rövekamp.

»Ohne Zaun und Graben dazwischen?«, fragt Mama.

Die Försterin grinst. Sie scheint Erfahrung mit skeptischen Besuchern zu haben. »Sicher«, sagt sie. »Voraussetzung ist, dass sich alle an meine Anweisungen halten.«

»Auch der Sturkopf?« Millie hat Bedenken.

»Ja, was denkst du denn? Wenn er nicht auf mich hört, wird er Lehrgeld zahlen müssen.«

»Gähäld?«, fragt Trudel und legt den Kopf schief. Mit Geld kennt die kleine Schwester sich aus; sie steckt nämlich jeden Sonntagabend ihr Taschengeld für die nächste Woche in ihre Fliegenpilz-Spardose. Millie bekommt mehr als Trudel, klaro. Sie lässt ihr Taschengeld aber ebenfalls in die Spardose plumpsen. Ist kein Fliegenpilz. Ist für Pferdefreunde!

Jetzt versucht sie, sich an die Wildlinge heranzuschleichen, an diese graubraune Masse von Pferdeleibern. Rupf, zupf, rupf, zupf … die knabbern ja das ganze Grün ab. Wenn die den ganzen Tag nur fressen, ist der Boden abends sicherlich ratzeputz kahl gerupft.

»Dann ziehen sie weiter«, sagt die Försterin. »Sie haben hier im Naturschutzgebiet genügend Platz.«

»Alle hundert Pferde?«, will Millie wissen.

»Alle vierhundert! Also … ungefähr.«

Ohhh.

»Im Moment haben wir nur Stutenherden, also Mütter, Tanten und Fohlen und die Jährlingshengste.«

»Sind Wildpferde eigentlich kleiner als … richtige Pferde?«, fragt Papa.

»Sie meinen … als Hauspferde?«

»Ach, nennt man die so?«

»Nun, im Unterschied zu den wilden Pferden heißen die Tiere, die seit Jahrhunderten – was sag ich! –, seit Jahrtausenden mit Menschen zusammenleben, Hauspferde. Das sind die Arbeitspferde, die Reitpferde und früher zum Beispiel auch die Schlachtrosse.«

»Du meine Güte!«, ruft Mama aus. »Wozu Menschen alles fähig sind! Stimmt, die Leute haben die Tiere sogar für den Krieg abgerichtet.«

»Außerdem gibt es Polizeipferde!«, weiß Millie.

»Und Tamino«, mischt Trudel sich ein.

»Ach …« Frau Rövekamp kommt nun auf Papas Bemerkung über die Größe der Wildpferde zurück. »Unsere Wildlinge sind im klassischen Sinne Ponys.«

Nee! Ponys sehen ganz anders aus. Jetzt muss sich Frau Rüttelhand vertan haben … Frau Rövekamp.

»Was heißt das?«, will Papa wissen.

»Die ausgewachsenen Tiere der Herde verfügen über ein Stockmaß von ein Meter dreißig bis ein Meter fünfunddreißig. Selten wird ein Tier größer. Und Pferde unter ein Meter achtundvierzig werden als Ponys eingestuft.«

»Und was ist ein Stockmaß?« Hat Millie nämlich noch nie gehört.

»Das ist die Höhe vom Boden bis zum Widerrist«, erklärt die Försterin, »die höchste Stelle beim Pferd, wenn es seinen Kopf gesenkt hat. Also … der Punkt, wo sich Hals und Rücken treffen.«

Aha! Kann Millie gerade gut bei jedem Pferdchen erkennen, weil die im Moment nur fressen und fressen und fressen. Dabei müssen sie ja den Hals senken.

Millie macht ein paar Schritte vorwärts, um noch weiter an die Tiere heranzukommen. Vielleicht kann sie sich schon ihren kleinen Hengst aussuchen. Es müsste einer von denen sein, die ein bisschen größer als die Fohlen sind, aber kleiner als die ausgewachsenen Stuten.

Achtung! Vor dem Zaun ist ein Graben!

Sieht Millie doch!

Sie schnalzt mit der Zunge. Hemingway weiß, was das bedeutet. Herkommen! Ob diese Pferde das auch verstehen? Klacktack, klacktack.

Die Stute auf der anderen Seite nah am Zaun hört auf zu grasen und hebt den Kopf. Ja, guck du nur. Hier ist Millie. Brauchst keine Angst zu haben.

Und was wäre, wenn es den Zaun nicht gäbe? Schließlich sind diese Pferde wild. Wildlinge! Oha. Dann würde Millie bestimmt flitzen.

Das Pferd drüben wirft einen ruhigen Blick auf sie. Unbeweglich steht es da. Nach einer Weile senkt es den Kopf und frisst weiter.

Trudel ist nun auch näher gekommen. Sie ist ein bisschen dumm. Oder besser … unvorsichtig. Denkt sie, dass der Graben kein Graben ist? Wusch … ist sie auf der leichten Böschung ausgerutscht und auf dem Popo gelandet. Saust runter bis dicht vor den Zaun. Erschrocken dreht sie sich um.

Hilfe! Hilfe!

»Zum Glück ist da im Moment kein Wasser drin«, kommentiert Frau Rövekamp lachend, während Papa Millies kleiner Schwester aufhilft. »Wir haben hier überall im Bruch Gräben, die Wald und Wiesen einigermaßen trocken halten sollen. Manchmal sind sie natürlich voller Wasser. Und das wäre eines Tages fast schon einmal schiefgegangen.«

Wieso? Ist sie selber reingeplumpst?

»Nein, nein«, sagt die Försterin. »Wenn die Stuten die Fohlen gebären, dann wollen sie am liebsten alleine sein. Hier hilft ihnen kein Tierarzt, wie zum Beispiel den Hauspferden. Sie verziehen sich einfach irgendwohin und schaffen es ohne Hilfe, ihre Kinder auf die Welt zu bringen.«

»Hast du das mal gesehen?«, fragt Millie. Oh … Ob das in Ordnung ist, dass sie die Försterin einfach duzt? Ist ihr so rausgeflutscht.

»Nun, deswegen erzähle ich das. Ich bin an diesem Tag zufällig an einer gebärenden Stute vorbeigekommen. So ein Fohlen sitzt ganz geschützt in einer großen Fruchtblase und die guckte bereits heraus.«

»Das Fohlen?«, fragt Millie erstaunt.

»Das halbe Fohlen«, sagt Frau Rövekamp. »Es befand sich noch in der geschlossenen Blase.«

»Blase? Wie Seifenblase? Oder wie in einem Luftballon?
Oder …«, Millie überlegt, was noch passen würde,
»… wie in einer Kaugummiblase?«

»Guter Vergleich«, sagt die Försterin. »Wie in einer
riesengroßen, fast durchsichtigen Kaugummiblase. Ich
konnte das Fohlen schon sehen.«

»Das halbe Fohlen«, verbessert Millie.

»Gut aufgepasst! Also, ich blieb einfach stehen, als es so
weit war, aber die Stute stand auf …«

»Hatte sie sich vorher hingelegt?«

»Sicher, eine Geburt ist auch für ein Wildpferd eine
schwere Angelegenheit. Und so ein Fohlen soll nicht aus
großer Höhe auf die Erde plumpsen.«

»Das Pferd ist also aufgestanden …«, drängt Millie.

»Und dann ist es mühsam ein paar hundert Meter
weitergelaufen und hat dort ganz alleine ihr Fohlen
geboren«, sagt die Försterin.

Ohhh.

»Fooolen?«, fragt Trudel nach.

»Ein kleines Pferd«, erklärt Millie ihr netterweise.

»Heisst Tamino!«, sagt Trudel entrüstet.

Na, die kapiert auch gar nichts.

»Ich wollte eigentlich was ganz anderes erzählen«, sagt
Frau Rövekamp. »Eine Stute hatte sich ausgerechnet
einen Graben für die Geburt ausgesucht oder jedenfalls

eine Stelle nah dran. Und das Fohlen … es war ihr
erstes … ist dann in den Graben gerutscht. Der war
voller Wasser.«

»Oh nein!«, ruft Mama aus.

»Zum Glück war ein Waldarbeiter in der Nähe. Der hat
dann das Fohlen rausgezogen und alles ist gut gegangen. Aber …«

Was … aber …? Mach's nicht so spannend.

»Die Stute hat seitdem wohl gedacht, das mit dem
Graben hat ja geklappt. Ein guter Ort für eine Geburt.
Und ist Jahr für Jahr an denselben Ort gezogen und hat
dort ihre Kinder zur Welt gebracht. So nach und nach an
die neunzehn, zwanzig Fohlen.«

»Und?«, fragt Papa. »War immer ein Waldarbeiter in der
Nähe?«

»Eigentlich überlassen wir die Tiere sich selbst. Nur
wenn der Winter zu hart ist, füttern wir Heu zu. Sie
leben allein und sie sterben allein. Wenn jedoch die Zeit
gekommen ist, dass unsere Stuten fohlen, dann sind
immer Leute in der Nähe, Waldarbeiter, ich oder mein
Mann.«

»Der kann also auch mit wilden Pferden umgehen«,
witzelt Mama.

Frau Rövekamp nickt. »Er ist Revierförster.«

Ach … eine ganze Familie voller Förster!

»Hast du denn selber Fohlen?«, fragt Millie. Oh, jetzt hat sie sich vertan. »Ich meine … Kinder?«

»Jaha«, gibt die Försterin lachend zurück. »Mein Mann und ich haben vier Fohlen: Dorothee, Johanna, Heinrich und Jakob. Zwei Jungs, zwei Mädchen.«

»Und alle wollen Förster werden?«

Oder Försterin, Millie!

»Genau«, sagt Frau Röhrenkampf.

Rövekamp!

Mucksimaus

Millie glaubt, dass sie jetzt alles über diese Wildponys weiß. Denkste! Gleich geht es mit den Pferdegeschichten weiter. Erst ans andere Ende des Geländes fahren, wo eine Lehrerin mit ihrer Klasse darauf wartet, an der Führung teilnehmen zu dürfen. Und von dort aus kann man gut die riesige Herde wilder Pferde auf einer nur mit wenigen großen Bäumen bewachsenen Grasfläche sehen.

Trudel kriecht jetzt halb in Mama hinein, weil sie die vielen fremden Kinder nicht gut aushält. Und alle in Millies Alter! Bei der kleinen Schwester dauert es immer einige Zeit, bis sie sich an unbekannte Leute gewöhnt hat und sich wieder **normal** benimmt.

Die Klasse, die Frau Rövekamp in die Wildpferdebahn führt, besteht aus ungefähr zwanzig, fünfundzwanzig Schülern. Zweite Klasse wäre Millie lieber gewesen. Dann würde sie sich erwachsener fühlen. Na gut … Dritte Klasse! Die Lehrerin ist wohl sehr froh, dass zur Abwechslung mal die Försterin die Aufmerksamkeit ihrer Schüler erwecken muss; sie lächelt in einer Tour.

Außerdem wartet da der Sturkopf
mit der Kamera und seinem
Hund.
Die Hälfte der Schüler sind
Jungs, die andere Hälfte
Mädchen. So ungefähr
jedenfalls. Die Jungs
tragen tiefblaue
Anoraks und die
Mädchen welche
in einem dunklen Rot.
Langweilig!
Alle Schüler starren
Millie an.

Ist was?

Glotzen die so, weil Millies Anorak eine neongelb-rosa-
orange-gestreifte, nicht-im-Dickicht-verloren-gehende
Kinderjacke ist? Oder sind es ihre rosa-orangeroten
Blumenstiefel?

Die Blicke der Drittklässler wandern jetzt zu Trudel hinüber. Trudels Anorak ist eine Regenwetter-Spaßmacher-
Jacke. So heißt das, Manno! Neongrün mit vielen, vielen
roten Erdbeeren drauf. Dazu ebensolche Stiefel!

Müssen sich Millie und Trudel nun etwa schämen,
weil sie nicht so gut in diese Gruppe passen, sondern

inmitten dieser Horde ein klitzekleines bisschen auffällig sind?

Nö. Pfff.

Der Sturkopf trägt hohe Stiefel. Die reichen ihm fast bis zu den Knien und sind wohl aus echtem Leder. In Haselnussbraun. Genau dieselbe Farbe wie sein Hund, der stramm an seiner Seite steht. Der Haselhund heißt Leo.

Frau Rövekamp sagt: »Wir gehen jetzt rüber zur Herde, und das bitte langsam und ruhig. Leise wie eine Maus.«

»Mucksimaus?«, fragt Trudel.

»Genau«, sagt die Försterin. »Mucksmäuschenstill.« Sie öffnet das Gatter, das hier das Gelände, auf dem die Pferde weiden, von den Zufahrtswegen trennt.

Und in diesem Moment fängt es an zu regnen. Die Mädchen aus der Klasse ziehen sich ruckartig die Kapuzen ihrer Anoraks über den Kopf. Mama holt sofort die Schirme aus dem Auto.

Die Jungs verzichten allesamt auf ihre Kopfbedeckung und lassen sich nass regnen. Kriegen die denn keinen Schnupfen? Oder wollen sie beweisen, dass sie tolle Jungs sind? Tolle Jungs mit Schnupfen sind blöde Jungs! Das sollte ihnen mal jemand beibringen.

Mama verteilt die Schirme. Wie auf Kommando werden die jetzt alle gleichzeitig geöffnet, Trudels Wald- und

Wiesenfeeschirm, der gelbe Schmetterlingsschirm von Millie und der riesige, schwarze Papa-Mama-Schirm.
Schnappklack.

Alle Pferde heben erschrocken ihre Köpfe. Und dann rast die ganze Meute los, zunächst laufen sie im Kreis, dann weiter nach hinten, weg, weg von all den Leuten, und erst am Waldrand werden sie schließlich langsamer.

»Genau das habe ich gemeint«, sagt Frau Rövekamp. »Bitte leise sein.«

»Mucksimaus.« Das kommt von Trudel! Die hat das nämlich verstanden.

»Und den Hund …«, versucht die Försterin es erneut bei dem Tierfilmer, »… den würde ich an Ihrer Stelle anleinen.«

»Leo geht nicht an der Leine«, sagt der Sturkopf. »Er hört auf mich. Haben Sie keine Bange.«

»Na schön«, meint Frau Rübe… nee … Rövekamp, »na schön … wenn Sie sich da mal nicht zu sicher sind.«

Die Wildpferdeherde verhält sich mittlerweile wieder vollkommen ruhig und die Försterin geht nun langsam, langsam voran. Zuerst unter den Bäumen des Waldes hindurch. Sie stellt Fragen, die nur für die Schüler gedacht sind:

Wozu sind Bäume da?

Wofür das Holz?

Was macht man aus Holz?

Echt? Pferde fressen sogar Holz? Das hätte keiner gedacht.

Neben Millie geht nicht Mama oder Papa oder die
kleine Schwester, nein, neben Millie geht ein Junge aus
dieser dritten Klasse, also einer mit blauem Anorak, ein
Abzeichen prangt auf seinem linken Ärmel: Cowboy.
Was will der an ihrer Seite?
Die ganze Gruppe ist inzwischen nah an die grasende
Herde rangeschlichen. Die lässt sich gar nicht stören.
Na also!
Dort drüben knabbert ein Pferd die Rinde eines herun-
tergefallenen dicken Astes ab.

»Für die Pferde ist der Wald wie eine Apotheke«, erklärt Frau Försterin. »Rinde und Holz fressen die Tiere, wenn sie zum Beispiel Bauchschmerzen haben.«

Aha. Und die Pupserei.

»Wieso wissen die denn, was gut für sie ist?«, fragt Millie.

Alle aus der Schulklasse glotzen sie an.

Peinlich!

Jetzt blicken die Schulkinder abwartend auf Frau Rövekamp.

Die sagt: »Pferde lernen voneinander. Was sie fressen können und wann sie flüchten müssen. Welche Pflanzen und welche Rinde ihnen guttun. Und dass man zum Beispiel Disteln vermeiden sollte. Das gucken sich die Jüngeren von den Älteren ab. Die Fohlen von ihren Müttern.«

»Und den Tanten«, traut sich Millie hinzuzufügen.

Wupps, schon schauen wieder alle auf sie.

Lass sie doch!

»So ist es.« Die Försterin nickt. »Die Pferde bilden Gruppen, also so was wie eine Klasse.« Sie spricht jetzt nur die Schüler an. Aber die wollen gar nichts wissen. Die sind sehr brav.

»Wenn ein Pferd, das für die Tiere sozusagen die Lehrerin ist, irgendwohin trabt, dann folgt ihm die ganze

Klasse. Passt mal auf. Die laufen wie im Gänsemarsch.
Das jüngste Pferd der Gruppe immer hintendran. Heute
sind das hier die Jährlingshengste. Vorne ist meistens
ihre Mama. Die hat vor rund vier Wochen ein neues
Fohlen bekommen und zwei Pferde lässt sie nicht an
sich nuckeln.«

»Das ist ein bisschen traurig«, sagt Millie leise.

»Und der kleine Hengst hat dann die Arschkarte gezogen«, raunt der Cowboy-Junge neben ihr.

Der traut sich, so was zu sagen! Millie guckt aus dem
Augenwinkel zu ihm hinüber.

»Was hast du überhaupt für blumige Stiefel an?«, fragt
der Junge leise.

Na, solche.

»Und was für einen Anorak?«

Na, so einen.

Millie zuckt mit den Schultern.

»Hab ich ja noch nie gesehen«, sagt der Cowboy.

Tja. Und noch so eine blöde Bemerkung zu ihrem
Regenschirm kann er sich gleich sparen! Er soll sie einfach in Ruhe lassen. Millies Kopf ist voller Fragen,
während sich die Gruppe geschlossen und Schrittchen
für Schrittchen weiter an die grasende Herde heran-
pirscht.

Wo waren sie denn stehen geblieben? Na, nicht in Wirk-
lichkeit, man sagt das so, es ist nur eine **Redensart**.

»Wie viele Kinder hat eine Pferdemama?« Das interessiert Millie.

»Nun«, die Försterin überlegt kurz, »könnte sein …
sagen wir mal … von drei bis zwanzig, ich meine, in
einem ganzen Pferdeleben.«

Boah!

»Eine Gruppe …«

»Oder eine Familie …«, ergänzt Millie. Sie hat aufgepasst.

»Oder eine Klasse …«, sagt der Cowboy.

»Richtig.« Frau Rövekamp stimmt allem zu. »Eine
Klasse kann aus zwanzig Pferden bestehen. Und manchmal teilt sich die Klasse, weil einer unter ihnen meint,
jetzt ebenfalls der Lehrer sein zu können.«

Da lächelt die Lehrerin.

»Und wo ist der Direx?«, fragt Millie und verbessert sich
schnell, »ich meine, der Direktor. Wir haben an unserer
Schule einen Direx, aber der ist nur Rektor.«

»Aha«, sagt Frau Försterin. »Der Direktor ist der Hengst.
Der ist der Papa von den Fohlen. Er ist nicht immer bei
der Herde. Und weil es sowieso Zoff mit ihm geben
würde, sondern wir die Jährlingshengste vorher aus,
also morgen.«

»Zoff? Wieso Zoff?«, will Millie wissen.

»Die kommen in die Pubertät«, sagt Frau Rövekamp

und lächelt irgendwie wissend. »Die prügeln sich und legen sich mit dem Oberhaupt der Familie an. Jeder will der Stärkste sein. Weil sie eine eigene Herde haben möchten. Dafür ist dieses Gelände aber nicht groß genug und Zank und Streit untereinander können wir nicht gebrauchen. Das würde Verletzungen zur Folge haben. Hier kann keiner flüchten, es gibt nämlich einen Zaun. Und so in die Ecke gedrängt … nee, danke. Für große Auseinandersetzungen …«

»Ringkämpfe?«, rutscht es Millie heraus.

»Bist du bescheuert?«, sagt der
Cowboy neben ihr.

»Na, ich meine … Boxkämpfe.«

»Dazu brauchst du Boxhand-
schuhe«, meint der Junge.

»Pferde boxen doch nicht
und sie sind auch keine
Kängurus.«

Was ist mit … prügeln?

Der Cowboy schüttelt den
Kopf. »Von nix 'ne Ahnung.«

»Aber du … ja?«, empört
sich Millie.

»Wir haben einen Pferdehof«,
sagt der Junge.

Aha, deswegen wohl dieses Cowboy-Abzeichen auf dem Anorak. **Stolz wie Oskar**, auf dem Kopf sieht er allerdings aus wie ein quatschnasser Wischlappen. Der Junge ist vom Regen völlig aufgeweicht.

»Pschschsch«, macht Frau Rövekamp, und die Lehrerin lächelt dazu.

»Die jungen Hengste müssen sich ausprobieren«, fährt die Försterin fort. »Oft schlagen sie aus oder beißen ihren Kollegen ordentlich ins Fell. Das können blutige Kämpfe sein. Sie richten sich auf, man sagt: sie steigen, und kloppen mit den Vorderbeinen aufeinander ein.«

Also prügeln sie sich doch!

»Das alles wollen wir hier vermeiden«, erläutert die Försterin. »Wir versuchen, die Herde nicht zu groß werden zu lassen, und so gibt es nur einen Papa oder hin und wieder zwei.«

»Und wo sind die Papas jetzt?«

»Die stehen auf einer eigenen Wiese im Dorf. Erst wenn die jungen Hengste eingefangen sind, lassen wir einen oder zwei von den alten Hengsten in dieses Gebiet. Damit es im nächsten Jahr erneut Fohlen gibt.«

Aha.

Nun sind alle still. Auch der Sturkopf mit seinem Haselhund hat keine Fragen. Er trägt seine Kamera auf der Schulter und lässt die surren. Ein Pferdefilm?

Frau Rövekamp bleibt stehen. Und die Pferde grasen, ohne auf die Besucher zu achten, um sie alle herum, ganz ohne Angst, ohne Furcht. So nah mitten unter so vielen Pferden ist Millie noch nie gewesen. Nie in ihrem Leben.

Nun ist ihr doch etwas durch den Kopf gegangen.

Hallo, Frau Försterin!

»Bist du eigentlich ein Jäger oder nur ein Förster?«, fragt Millie.

»Ich besitze einen Jagdschein«, gibt Frau Rövekamp zurück. »Falls du das meinst.«

»Und ein Gewehr?«

»Das auch.«

»Hast du das schon mal benutzt?«

»Wir haben hier sogar Wildschweine«, sagt die Försterin. »Im Herbst werden die zum Abschuss freigegeben. Die dürfen ebenfalls nicht überhandnehmen. Und schaut jetzt bitte dorthin!« Sie weist mit der Hand nach links. So richtig hat sie Millies Frage jedoch nicht beantwortet. Schießt sie oder schießt sie nicht?

Oh! Da flitzt ein Rudel Hirsche über das Gelände. Die haben ein ziemlich helles Fell.

»Damwild«, sagt die Försterin.

Damen-Wild?

Nee, nee! Richtig zuhören, Millie!

Und – husch – sind die Hirsche wie von Geisterhand
verschwunden.

Der Cowboy-Junge hat aber Millies Frage von eben
verstanden.

»Wolltest du wissen, ob die Försterin Tiere abknallt?«,
fragt er.

Nee. Ja.

»Dafür ist sie Jägerin«, sagt er.

Hat Millie sich fast gedacht.

»Und außerdem liegt manchmal ein Tier im Sterben«,
fügt der Cowboy hinzu.

Woher weiß er das?

»Na, ich bin von hier«, klärt er Millie auf.

»Die Försterin hat uns vorhin erzählt, dass die Pferde
alles alleine schaffen müssen«, erwidert sie ein wenig
trotzig. »Leben und sterben.«

»Wenn ein Pferd alt und krank ist und nicht mehr
fressen kann, dann verhungert es«, sagt der Junge.
»Meinst du denn, dass ein Förster das mit ansehen
kann?«

Millie zieht eine Schulter hoch. »Und was dann?«, fragt
sie mit aufgerissenen Augen. »Abknallen?«

»Öhhh …« Der Junge zuckt mit den Achseln. Was immer das heißen mag. Irgendwie scheint er Bescheid zu
wissen. Weil er von einem Pferdehof stammt?

Er lenkt vom Thema ab: »Und du siehst vielleicht aus!«
Fängt er schon wieder damit an!

»So quietschebunt«, meint er, »so wie Mickymaus.«

»Pscht«, macht Trudel da. »Mucksimaus … sstill sein!«

Der Cowboy lacht sich über Millies kleine Schwester
schief.

»Ach was!«, sagt er dann zu Millie. »Mucksimaus? Heißt
du so? Ich dachte … Mickymaus!«

Der hat sie doch nicht alle!

Der Haselhund

Millie macht ein paar Schritte weg von dem Cowboy.
Sie setzt ihre Füße vorsichtig, denn überall liegen hier
Haufen herum. Große, mittelgroße und kleine Pferde-
äpfelhaufen. Die kleinen stammen bestimmt von den
süßen Fohlen, die an ihren Mamas nuckeln. Ihr Fell ist
glatt und noch ganz hell. Die etwas größeren jungen
Pferde sind bestimmt die Jährlinge. Was die für ein rup-
piges Fell haben! Oft hängt ein ganzes Stück in Fetzen
herab.
Leise erklärt die Försterin, dass die Fohlen im Laufe des
Jahres ein Winterfell entwickeln, damit sie durch die
kalte, harte Zeit kommen. Daran erkennt man – außer
an der Größe –, wer gerade zum ersten Mal die unge-
mütliche Jahreszeit erlebt hat. Im Frühling scheuern
sich die jungen Tiere an den Bäumen, um das dicke Fell
wieder loszuwerden. Oder sie knabbern es sich gegenseitig ab.
»Juckt denen das Fell?«, fragt Millie und muss sich bei
dem Gedanken selber kratzen. So was steckt an, Frau
Försterin, die zu Millies Frage einfach nur schmunzelt.

60

»Psch«, macht sie dann und hebt die Hand. »Kann
irgendjemand etwas hören?«
Alle spitzen die Ohren. Viele schütteln den Kopf.

Millie hört nur dieses rupf, zupf, rupf, zupf, und Trudelchen sagt: »Vogel singt.«

Richtig! In den Bäumen zwitschert es wie verrückt, tirili,
tirila. Das ist alles. Kein brumm, brumm, kein wrumm,
wrumm von Auto oder Trecker ist zu hören.

Rupf, zupf, rupf, zupf …

Plötzlich tocktock, tocktock, tocktock, tocktock, nicht
sehr laut, doch immer deutlicher zu vernehmen. Und
jetzt kann man es sogar sehen: Ein Fohlen galoppiert
um die Herde herum. Wie süß! Das kleine Pferdchen
hat sich von seiner Mama weggetraut und pest herum,
nimmt rasant die Kurven, dreht um, flitzt zurück und
beginnt die zweite Runde, tocktock, tocktock, tocktock,

tocktock … Hat es Angst bekommen? Oder ist es nur übermütig geworden?

Alle in der Gruppe sehen sprachlos zu. Und dann, zack, bum, fällt das Fohlen um.

Ach du Schreck.

Ist es in Ohnmacht gefallen? Oder ist es vielleicht sogar … tot?

»Nein, nein«, erklärt die Försterin. »Das passiert den Fohlen oft. Die überschätzen sich. Das Junge hat sich durch sein Galoppieren völlig verausgabt und muss ausruhen, und zwar auf der Stelle. Das schläft jetzt.«

Millie guckt Mama an und grinst. Ja! Mama hat sie verstanden. Mit Trudelchen passiert das oft genauso. Tobt gerade noch rum, als wäre sie besoffen. Will nicht ruhig sein, nicht schlafen, knöttert rum, und dann … zack, bum … schläft sie **von einer Sekunde auf die andere** ein. Besonders beim Autofahren. Kleine Tiere sind wie kleine Kinder. Und umgekehrt.

Der Cowboy aus der dritten Klasse fällt der Försterin mitten in den Ausführungen ins Wort. Der ist gar nicht brav! Der ist fast so wie Millie, wenn ihr eine Frage **auf der Seele brennt**.

»Wenn morgen die kleinen Hengste eingefangen werden …«, beginnt er, »… woran erkennt man denn, ob es ein Hengst oder eine Stute ist? Ich meine …« Er spricht es nicht aus, trotzdem weiß jeder, was er andeuten will. Er hat eine Pimmelfrage gestellt! Oi, oi! Der traut sich was! Und die Lehrerin lächelt breiter ... nee, stimmt nicht ... sie grinst verlegen, weiß gar nicht, wohin sie gucken soll.

Alle schauen sich jetzt nach den Jährlingen um, nach denen mit den Fellfetzen. Einer davon hat sich ganz weit vor in Millies Nähe gewagt und schaut sie traurig an. Er ist noch von seinem Winterfell bedeckt, das strubbelig ist wie ein Zottelteppich.

»Guck mal!«, sagt Frau Rövekamp zu Millie, ohne auf die Frage von dem mutigen Cowboy einzugehen.

»Dieses kleine Pony sucht Anschluss, eine neue Familie. Es muss sich gerade von seiner Mutter lösen und sucht nach jemandem, der sich seiner annimmt.«

Ja! Und es hat sich Millie ausgesucht! Dann ist es ganz bestimmt das Pony, das sie morgen gewinnen wird. Sei nicht traurig, kleiner Muckel ... du hast schon bald eine neue Familie! Mit Papa, Mama, Millie, Trudel und – das ist die Hauptsache – mit Hemingway. Wie der sich freuen wird! Millie schaut sich das Pferdchen ganz genau an. Damit sie es morgen auch wiedererkennt!

Es ist hellgrau, besonders um den Bauch herum, eselsgrau. Auf dem Rücken ist die Fellfarbe ein wenig dunkler, bräunlich, so wie Mähne und Schwanz.

Millie streckt ihre Hand vorsichtig aus. Das Pony geht
einen Schritt zurück. Brauchst doch keine Angst zu
haben!

»Die Pferde sind nicht an Menschen gewöhnt«, sagt die
Försterin. »Jedenfalls nicht so, dass sie sich anfassen
lassen. Deswegen müssen wir die Herde morgen kom-
plett in eine Arena treiben, wo wir die Jährlingshengste
aussondern. Das ist nicht einfach. Und oft braucht es
drei, vier oder fünf junge Männer, die das nur gemeinsam schaffen.«

Was? So ein kleines Pferdchen nimmt es mit fünf
Männern auf?

»Und mein großer Bruder ist dabei«, sagt der Cowboy.

»Das ist der Uwe.«

Ist Millie egal.

»Und ich bin der Andy«, sagt der Cowboy.

Ist Millie egal.

»Und wie heißt du?«

Auch egal! Sie werden sich doch sowieso nie wiedersehen. Aber sie murmelt: »Millie.«

»Wie?«, fragt Andy, der Cowboy.

»Millie!«, schreit Trudel, blöde Kuh … blödes Kälbchen.

»Pschschsch«, macht Frau Rövekamp. »Und jetzt zurück
zu deiner Frage, mein Junge. Woran man erkennt, ob es
sich bei den Pferden um einen Jungen oder ein Mädchen
handelt.«

Oi, oi! Sie hat es nicht vergessen! Nun ist Millie sehr
gespannt.

»Eigentlich müsstest du das wissen, Andy. Du kommst
doch hier vom Pferdehof.«

Aha, die kennen sich also. Und der Cowboy grinst und
nickt. Hat er extra so eine peinliche Frage gestellt? Um
zu zeigen, dass er sich was traut?

»Der Unterschied ist nicht ganz leicht auszumachen«,
beginnt die Försterin mit ihrer Erklärung. »Die Jungs

66

haben natürlich einen Pimmel. Der ist aber kaum zu sehen, weil er in einer Falte versteckt ist. Nur beim Pipimachen kommt er etwas hervor. Man muss sich also ordentlich bücken, um sicher zu sein, ob es sich bei den Jährlingen um einen Hengst oder eine Stute handelt.«
Sie beugt sich so tief nach unten, dass Millie meint, die Försterin fällt gleich auf die Nase. Aber sie ist das genaue Hinschauen wohl gewöhnt und plumpst nicht um.
»Dieses hier ist ein kleiner Hengst«, sagt sie.
Na, das muss man ihr jetzt glauben, es traut sich nämlich kein anderer, so weit runter in die Hocke zu gehen.
Der Sturkopf mit der Kamera und seinem haselnussfarbenen Hund an der Seite hat alles gefilmt: die ruhig grasende Herde, das galoppierende Fohlen und auch den kleinen Hengst dicht vor Millie. Was für eine riesige Kamera der Filmemacher mit sich herumschleppt! Die ruht auf seiner Schulter. Wiegt hundert Kilo, was? Er schwenkt die Kamera nach links und nach rechts. Mehr nach rechts! Mehr nach rechts! Wo Millies kleiner Hengst steht!
Und da … **plötzlich und unerwartet** … prescht der Hund los. Und zwar mit Radau und Gebell.
Frau Rüttelhand … Frau Rövekamp … murmelt: »Das hab ich kommen sehen.« Millie hört das ganz genau.

Die Försterin rührt sich nicht und der Tierfilmer flitzt seinem Hund hinterher. »Leo!«, brüllt er. »Leo!«
Der Haselhund gehorcht nicht. Was hat er vor? Ist sein Jagdinstinkt ausgebrochen? Will er die Herde verscheuchen? Denkt er, dass er es mit hundert … nee … mit vierhundert Pferden aufnehmen kann? Ist er doof?

»Leo!« »Leo!!« »Leo!!!« Und weiter: »Aus!« »Pfui!« »Fuß!« »Hierher!« »Leo!!!«
Das alles nützt nichts. Warum ist der Tierfilmer nur so ein Sturkopf und hat die Warnungen der Försterin nicht beherzigt? Sie hat das Sagen!
Die Herde hat zu grasen aufgehört und sich um den Hund und den Sturkopf geschart. Beide sind vollständig

umringt. Von Pferdebeinen, Pferdefüßen, Pferdehufen.
Ja, die Wildlinge lassen sich nichts gefallen.

Es ist genau so, wie die Försterin es ihnen vorhin erklärt
hat. Bei den Tieren ist der Urinstinkt durchgebrochen …
ein Wolf greift sie an. Sie kapieren nicht, dass der Wolf
nur ein Haselhund ist.

Ein Pferd macht es vor … es steigt, steht plötzlich nur
auf den Hinterbeinen und ist mit den Vorderläufen zum
Kampf bereit.

Sofort machen es andere nach. Das sind vielleicht
mutige Pferdedamen! Die wissen sich zu wehren und
die kleinen Fohlen vor dem Wolf zu beschützen.

Und dieser doofe Haselhund! Hat er nicht aufgepasst,
als Frau Rövekamp sein Herrchen gewarnt hat? Diesen
Sturkopf, der auch nicht gehorchen wollte.

Es ist laut geworden auf der Lichtung. Die Pferde
schnauben und wiehern, was das Zeug hält.

Hwiehiehiehie.

Der Sturkopf brüllt: »Ey! Ey! Ey!«

Aber die Pferde werden nicht müde, sich aufzurichten.
Sie steigen und steigen. Und der Ring der Tierleiber
wird enger und enger.

»Ey! Ey! Ey!«

Ob der Haselhund sich jetzt in die Hose macht? Oder
der Sturkopf?

Die Försterin schaut zu.

»Der Hund hat keine Chance«, sagt sie und macht sich endlich auf die Socken. Sie traut sich an die Herde heran und klatscht in die Hände.

»Ho!«

»Ho!«

Da öffnet sich ein Spalt zwischen all den Pferdeleibern. Und Millie kann sehen, wie in der Mitte eng umringt

der Sturkopf steht. Mit einer Hand hält er seinen Haselhund in die Höhe und mit der anderen die Kamera. Schiss in der Buxe, was?

Nun ist Frau Rövekamp an seiner Seite.

»Ho!«

»Ho!«

Sie macht den Bären!

»Ho!«

»Ho!«

Da zerstiebt die Herde, galoppiert zum Waldrand hin, mitsamt dem kleinen Fohlen, das eben noch gepennt hat.

Schnell kehrt wieder Ruhe ein. Einige Wildponys knabbern an Baumrinde herum. Ist bestimmt ein **Beruhigungsmittel** drin.

Der Sturkopf macht ein schuldbewusstes Gesicht. Und Leo, der Haselhund, zieht seinen Schwanz ein. Das hätte nämlich auch schiefgehen können. Wenn die Pferde mit ihren schweren Hufen auf den Sturkopf und den Haselhund eingekloppt hätten!

Und damit ist die Führung zu Ende. Langsam geht es zurück zum Gatter, und **schnappklack** gehen die Schirme zu, Trudels rosafarbener, Millies Schmetterlingsschirm und der große, schwarze von Papa und Mama.

Andy fragt Millie: »Bist du morgen beim Wildpferdefang dabei?«

Was geht den das an? Soll er doch die braven Mädchen
aus seiner Klasse fragen.

»Wieso?«, fragt Millie zurück.

»Na ja«, sagt Andy. »Ich bin dabei.«

Aha. Wahrscheinlich will der Cowboy ein Lasso in
die Arena werfen. Aber Millie weiß natürlich, dass ihr
kleiner Hengst sich nicht so ohne Weiteres einfangen
lässt.

Vierzehntausend

Heute ist der Tag der Tage! Heute wird Millie Besitzerin
eines eigenen Pferdes. Eines Wildponys. Vor lauter
Nervosität juckt ihr schon das ganze Fell.

Ach, ist das alles aufregend! Autos, Busse und ein paar
Trecker mit Anhängern voller Leute fahren zur Arena,
wo der Wildpferdefang stattfinden wird. Das sind ja …

»… wie viele Leute, Papi?«

Der zuckt mit den Schultern. Mama weiß es. Sie hat sich
bereits zu Hause **schlaugemacht.**

»Über vierzehntausend Zuschauer werden dabei sein.«
Vierzehntausend? Wie viel ist das? Millie kann sich das
nicht vorstellen. In der Klasse sind sie zweiundzwanzig
Schüler. Wie viele Klassen wären dann vierzehntausend
Schüler? Mehr als eine ganze Schule? Das ist ja eine
Textaufgabe! Kann Millie nicht ausrechnen.

Bekommen sie überhaupt einen Platz auf der Wiese, wo
heute nur die Autos parken dürfen?

Ja! Wow! Hier findet ein richtiges Volksfest statt! Mit
Fressi-Fressi-Ständen und Andenkenbuden und der
Freiwilligen Feuerwehr.

»Lasst uns erst mal nur so herumlaufen«, schlägt Mama vor. »Wir haben noch zwei Stunden Zeit, bis es richtig losgeht.«

Hups, da vorne – zwischen all den Leuten – steht ja schon ein Pony! Kinder dürfen sich obendrauf hocken. Das Pferd ist jedoch nur aus Holz. Es hat aber einen richtigen Sattel.

Wer will es probieren?

Trudel!

»Hü, hott!«, ruft sie und schlägt mit den Zügeln, als könnte das Holzding tatsächlich lostraben.

»Millie?«, fragt Mama.

Ob sie auch hinaufklettern möchte?

Nee, nee, nee, nee, nee, sie wartet auf ihr eigenes Pony.

Was soll sie denn mit so einem blöden Holzgestell?

Weitergehen! Und bitte im Galopp!

Oh, da vorne an dem Stand werden sogar Cowboyhüte

angeboten. Schick. Wie toll sie damit aussehen würde!

Wie ein Cowboy-Mädchen. Ein Cowgirl!

Guck mal, Mama!

Guck mal, Papa!

Mama und Papa achten gar nicht

auf Millie. Sie laufen einfach

weiter. Da weiß Millie schon,

dass sie sich den Cowboyhut

von der Backe putzen kann.

Was gibt es sonst noch?

Pferde, Pferde, Pferde. Alle nicht in echt!

Pferde auf Magnettäfelchen.

Pfff.

Pferde eingraviert in bunte Gläser.

Pfff.

Pferde auf Taschen gestickt.

Pfff.

Plüschpferde.

Ey ... die sehen aus wie das Kuscheltier der kleinen

Schwester. Und in diesem Moment hat Trudel den Stand mit den Plüschpferden auch entdeckt.

»Tamino!«, ruft sie entsetzt. »Tamino!«

Denkt sie, dass dort auf dem Bord im Regal ihr eigenes Pferdchen steht?

Mama versucht, sie zu beruhigen. »Nein, nein«, sagt sie, »das ist nicht dein Tamino!«

Die kleine Schwester lässt sich nicht beruhigen. Unbeirrt ruft sie: »Tamino! Tamino!«

»Tamino ist zu Hause, Schätzchen. Ich meine … im Hotel«, sagt Mama. »Glaub mir das.«

»Tamino! Tamino!« Die kleine Schwester will nun unbedingt hinter den Tisch laufen, der vor dem Regal mit den Stoffpferden aufgebaut ist und auf dem Prospekte liegen. Sie reißt sich einfach los von Mama. »Tamino! Tamino!«

Jetzt will sie drum herumflitzen, knallt aber mit dem Kopf an die Ecke von der Tischplatte, über die eine Wachstuchdecke gebreitet ist. Aua! Trudel hat sich bestimmt heftig den Dez gestoßen!

Stört sie gar nicht. Sie flitzt weiter auf das Regal zu. Der Tisch jedoch, mit all den Prospekten drauf, beginnt zu wackeln, und die ersten Flyer rutschen bereits von der glatten Wachstuchdecke auf den Boden, auf das ruppelige Gras.

Papa macht einen Satz, kriegt trotz der rutschigen Decke die Tischplatte zu fassen und stoppt die Katastrophe. Manno, da liegen Hunderte oder Tausende von Faltblättern drauf, mit denen Reitervereine um neue Mitglieder werben. Einige sind bei Papas Rettungsversuch auf die Erde geflogen und Mama hat sich hingehockt und sammelt sie auf. Eigentlich sollte das Trudels Aufgabe sein, die den Mist verbockt hat! Aber die ist einfach weiter auf das Plüschtier-Regal zugepest.

Ehe das noch umkippt und die vielen, vielen Pferdchen runterpurzeln, legt Millie sich ins Zeug, um **die Situation** zu retten. Sie sprintet der kleinen Schwester hinterher und schafft es, sie **am Schlafittchen** zu packen. Im letzten Moment! Trudel hatte schon ihre Hand hochgestreckt.

Ausgebremst!

»Lass looos!«, faucht sie Millie an.

Nee, Millie lässt nicht locker. Sie zieht so heftig am Anorak der kleinen Schwester, dass die fast keine Luft mehr bekommt. Das hat sie jetzt davon!

»Tamino! Tamiii…!«

Mama kommt zu Hilfe. Sie schnappt sich Trudelchen, nimmt sie auf den Arm und zeigt ihr, wie viele Taminos es hier gibt. »Dein Pferdchen liegt doch im Hotel in unserem Bett.«

»Hotel?«

»Oder im Auto.«

»Auto?«

»Bestimmt«, beruhigt Mama die kleine Schwester. »Es liegt im Auto und schläft. Die hier sind die Geschwister von Tamino.«

»Gesswister?«

»Richtig, mein Schatz. Die Brüder und Schwestern von deinem Pferd.«

Das verwirrt Trudel vollständig. »Millie ist Sswester.«

Doch nicht die Schwester von Pferden! Kapiert?

»Kaufen«, drängt Trudel. »Eins für Millie.«

Na, die ist heute vielleicht großzügig!

Millie lehnt ab. »Ich kriege ein richtiges Pferd«, versucht sie Trudel zu erklären. »Ein großes Pferd.«

»Grosses Fäääḧääärt iss Elefant«, behauptet Trudel.
Mann, die spinnt doch! Sie gibt aber noch immer keine
Ruhe. Papa muss mit ihr zum Auto zurücklaufen und
nachschauen, ob Tamino dort wirklich schläft. Und dann
kommen die beiden zurück. Mit dem Kuschelpferdchen,
das die kleine Schwester sich unter den Arm geklemmt
hat. Nun ist sie endlich zufrieden.
Und wann geht es los mit dem Einfangen der kleinen
Wildlinge? Dauert noch.
Also ab zu den Fressi-Fressi-Ständen.
Brezel, Kartoffelsalat, Käseschinkenstangen.
Schnitzelbrötchen.
Reibekuchen.
»Mami, was sind denn Reibekuchen?«
»Kartoffelpuffer. Kartoffelpfannkuchen.«
Na, was denn nun?
»Möchtest du einen, Millie? Reibekuchen mit Apfelmus
oder Ahornsirup oder gerösteten Zwiebeln? Mit Speck,
mit Lachs oder mit Crème fraîche?«
»Käseschinkenstange«, sagt Millie.
Mama seufzt. An dem Stand sind sie eben schon vorbei-
gelaufen. Zurück, marsch, marsch.
Vor Millie steht eine dicke Frau. Die kauft für sich das
dickste Schnitzelbrötchen. Und die allerdickste Frau
neben ihr verlangt das allerdickste Schnitzelbrötchen.

Und die allerallerdickste Frau, die danach an der Reihe
ist …

Nun ist Millie dran und bekommt ihre Käseschinkenstange. Mittelkleingroß. Deswegen könnte sie später
noch einen Nachtisch vertragen. Vielleicht ein Eis? Oder
rosa Zuckerwatte? Jaha. Die gibt es hier auch.

Mama?

Die sieht Papa an und der zieht missbilligend die
Augenbrauen hoch. Dann aber seufzt er **resigniert.**

»Na, mal sehen«, meint Mama. »Vielleicht … nachher.«

Denkt sie, dass Millie die Zuckerwatte bis nachher vergessen haben wird? Falsch gedacht, Mama!

Jetzt sind sie bereits an der Arena, wo später die Wildpferde einlaufen werden. Und vierzehntausend Leute
Platz finden sollen. Im Moment sind das große Mittel-
feld und die Tribünen mit den Sitzbänken noch gähnend
leer. Nur einige Aufbauleute sind damit beschäftigt, in
bestimmten Abständen Springstangen auszurichten,
weiß-blau-rote Balken auf niedrigen, dreibeinigen
Ständern. Sollen die Wildpferde denn an einem Hops-
Hops-Wettbewerb teilnehmen?

»Nein, nein«, sagt Mama. »Bevor der Fang beginnt,
gibt es einige Vorführungen. Soviel ich weiß, sind ver-
schiedene Gruppen aus den Reitervereinen angemeldet.
Und die wollen zeigen, was sie können.«

Und wo bekommt man die Lose? Das ist das Wichtigste im Moment.

»Lasst uns weitergehen«, schlägt Papa vor. »Wir fragen die Männer von der Feuerwehr dort hinten.«

»Och«, sagen die Männer, »die Lose werden von Kindern verkauft, Jungs und Mädchen, und die laufen hier überall herum.«

Millie hat niemanden gesehen, der mit Losen herumläuft. Was ist, wenn bereits alle ausverkauft sind? Ach, du Schreck!

»Keine Bange«, sagen die Feuerwehrmänner. »Es gibt Tausende von Losen. Einfach die Augen aufhalten. Und bevor es mit dem Einlauf der Pferde losgeht, kommen die Kinder auch noch in die Arena.«

Na hoffentlich! Millie weiß ja nicht so recht. Ey … da! … Hinter dem Holzzaun … da sind die Wildpferde!

In aller Gemütsruhe rupfen sie das Gras ab. Ein kleines Fohlen hat sich hingeschmissen und pennt. Und ein Jährlingspferd nuckelt an seiner Mama. Oh, oh! Wenn das ein kleiner Hengst ist, dann nimmt er jetzt seinen Abschiedstrunk. Millie wird ganz mitfühlend. Das Nuckelpferd sieht aus wie Millies Pony! Genau! Es hat dieses fluffige graue Fell an Rücken und Bauch. Brauchst nicht traurig zu sein, Pferdchen! Millie wird dich ganz, ganz doll lieb haben!

Und wer sind die da?

Neben der Trinkbude hat sich eine Gruppe von vielleicht zwanzig Männern versammelt. Sie tragen blau-weiß gestreifte, kittelförmige Hemden und rote Halstücher.

»Das sind bestimmt die jungen Kerle, die später die Wildlinge einfangen werden«, vermutet Mama.

»Nun schaut euch das an!« Papa ist ziemlich entsetzt. »Die trinken doch tatsächlich Bier.«

Einer der jungen Kerle hat das gehört, der mit dem blonden Stoppelkopf. Er dreht sich um.

»Nicht, was Sie denken«, sagt er. »Wir gönnen uns jetzt nur ein alkoholfreies Bier. Wir wissen genau, worauf es beim Einfangen der Hengste ankommt. Übrigens … ich bin der Uwe.«

»So, so«, sagt Mama. »Und worauf kommt es an, Uwe?«

»Eine Tierärztin hat uns eingewiesen«, erklärt er. »Wir müssen die Jährlinge fangen, ohne ihnen wehzutun.«

»Wehtun?«, fragt Trudel mit schief gelegtem Kopf. Sie hat gut zugehört. »Aua-aua?«

»Wir machen kein Aua-Aua«, beschwichtigt Uwe sie. »Pferde haben empfindliche Stellen am Maul und an der Nase. Da packen wir sie nicht an.«

Trudel scheint zu verstehen, was er meint. »Sswanz ziehen?«, fragt sie.

»Ist verboten«, sagt Uwe. »Wir ziehen die Pferde nicht am Schweif. Das wissen wir sowieso. Die meisten von uns nehmen schon seit Jahren teil. Von Kindheit an sind wir beim Wildpferdefang dabei.«

»Als Fänger?«, fragt Papa stirnrunzelnd.

»Nein, nein«, meint Uwe. »Fänger kann einer erst werden, wenn er mindestens achtzehn ist. Aber alle im Ort und der Umgebung sind irgendwie eingespannt. Darauf freut sich jeder, und wer nicht alt genug ist, verkauft zum Beispiel Lose an die Leute, die gerne ein Pferd gewinnen möchten.«

Deswegen ist Millie hier!

»Ich gewinne ein Pferd«, sagt sie. »Ich sehe aber keinen, der Lose verkauft. Wo denn?«

»Och …«, sagt Uwe. »Mein Bruder treibt sich hier irgendwo herum. Der ist einer der Losverkäufer. Auf dem Gelände oder in der Arena.«

»Dann lasst uns jetzt direkt dahin gehen und unsere Plätze suchen«, schlägt Mama vor.

Und vorher rosa Zuckerwatte kaufen!

Zwei Mal bitte!

Millie ist sogar so nett, der kleinen Schwester den Vortritt zu lassen. Sie vergleicht ihren Zuckerwatten-Bausch mit dem von Trudel. Sind die gleich groß? Na, so genau lässt sich das nicht feststellen.

Hammm ... gierig will Millie ein großes Stück abbeißen,
aber ... paff-plaff ... sofort ist ihr ganzes Gesicht verklebt, bis zu den Augen hinauf.

Trudel lacht sich kaputt und zeigt mit ihrem Zucker-
watten-Knäuel auf Millie.

Lach du nur!

Mama und Papa schütteln wie abgesprochen mit dem
Kopf, und Millie hat Mühe, sich die klebrigen Zuckerfäden vom Gesicht zu ziehen. Nun sind sie bereits vor
der Treppe, die sie bis zur obersten der vielen ansteigen-

den Reihen erklimmen müssen. Hier werden ihre
Eintrittskarten kontrolliert.

»Ey, Mickymaus!«, hört sie da jemanden rufen.

Sie kann damit nicht gemeint sein, oder? Sie wendet
trotzdem den Kopf.

Mickymaus? Hätte sie sich eigentlich denken können!
Zwei Schritte hinter ihr steht Andy, der Cowboy
von gestern. Heute trägt er sogar einen
Cowboyhut. Manno! Und Mama und
Papa haben Millies Wunsch, so einen
Hut für sie zu kaufen, einfach
ignoriert. Zu blöd! Außerdem
kämpft sie weiterhin mit den Zuckerfäden! Auch das ist blöd.

»Wusst ich doch, dass ich dich hier wiedertreffe,
Mickymaus«, sagt er.

Trudel verbessert ihn: »Milliemaus!«

»Was?«, fragt er.

»Milliemaus ist meine Sswester! Millie… Millie…
Milliemaus!«

Halt die Klappe, Trudel!

Aber was hält Andy denn da in der Hand?

Einen Packen Lose! Her mit den Dingern!

Papa zückt sein Portemonnaie. »Unsere Millie will
unbedingt ein Pferd gewinnen«, verrät er.

»Millie?«, fragt der Cowboy nach. Hat er das denn noch immer nicht kapiert?

»Also …«, sagt Papa. »Ein Los bitte.«

»Fünf!!!«

»Was?«

Meint Papa vielleicht, dass ein einziges Los gewinnen könnte? Bei fünf Losen ist die **Chance** viel größer, nämlich fünf Mal so viel!

»Also gut … fünf Lose, bitte.«

Andy hält die Lose wie einen Fächer in seiner linken Hand. Bevor Millie zuschnappt, fährt der Cowboy mit dem Zeigefinger der rechten Hand vor. »Na, du siehst vielleicht aus!«, sagt er.

Millie will ihm was Passendes antworten. Aber erstens fällt ihr nichts Rechtes ein und zweitens verstopft ihr die Zuckerwatte den Mund. Also zieht sie erst mal die gesponnenen Zuckerfäden mit Lippen und Zähnen ab.

»Hallo«, sagt sie endlich.

»Du hast noch was auf der Nase«, sagt Andy, und – man glaubt es kaum – nun zupft er ihr den letzten Ziehfaden eigenhändig ab.

Der fasst sie an!

Hände weg!

Und was macht er jetzt mit dem rosa Fitzelchen, das an seinem Finger klebt?

Einen Moment lang scheint er zu überlegen. Er schaut sich den Finger an, dann wirft er einen Blick auf Millie … und schließlich leckt er das Fitzelchen ab. Millie wirft einen schnellen Blick auf Mama. Die scheint das gar nicht schlimm zu finden, lächelt den Cowboy sogar an. Nee, Mama, nee, das ging jetzt doch ein Stückchen zu weit!

Ey, in diesem Augenblick greift Millies kleine Schwester nach den Losen. Pfoten weg!

»Lass das!«, brüllt Millie. »*Ich* kriege doch das Pferd!«

Es wäre furchtbar, wenn Trudel das Los mit der Gewinn-Nummer ziehen würde. Was sollte die kleine Schwester damit anfangen? Millie hat bereits alles gut durchdacht. Sie sieht genau vor sich, wie ihr Wildpony auf der Wiese neben Hemingway steht und beide abends auf sie warten. Und dann wird Millie beiden die weiche Pferdeschnute streicheln.

Oh, wird das schön sein!

Aus lauter Verzweiflung hat Millie so laut geschrien, dass die kleine Schwester ihr das Los, nach dem sie gegriffen hat, sofort erschrocken hinreicht.

»Bitte, Millie!«

Millie zieht die Luft heftig durch die Nase ein.

Danke, Trudel.

Noch mal gut gegangen.

Millie schaut sich die Losnummern an.

B 1924

B 1927

B 1928

C 2423

C 2428

Am besten hört sich

B 1928 an. Das macht

nämlich **klingklang**

im Kopf. Es ist das

Los, mit dem Millie

den **Hauptgewinn**,

das kleine Wildpferd
mit dem Zottelteppich an Bauch und Rücken, gezogen
hat. Sie muss sich nur noch einen guten Namen für ihr
Pony ausdenken. Lalalalala.

In dem Moment bittet eine tiefe Stimme aus dem
Lautsprecher alle Besucher, die vierzehntausend Leute
und auch die Frau mit dem allerallerdicksten Schnitzelbrötchen, schnellstmöglich Platz zu nehmen. Der Lautsprecher hat eine Stimme wie die vom Bingomann aus
dem Fernsehen!

Schnell hinauf und hinein in die Arena! Block G, Reihe
14, Platz 651, 652, 653 und 654. Papa und Mama
nehmen ihre Kinder in die Mitte. So ist's richtig!

Pferde sind auch nur Menschen

Und wer hockt sich im letzten Augenblick in die Reihe vor Millie, als der Bingomann bereits die Zuschauer, die Fänger, die Försterin, nämlich Frau Forstoberinspektorin Rövekamp, und wer weiß noch wen alles begrüßt? Andy, der Cowboy! Er nimmt genau vor Trudel Platz, dreht sich um und grinst Millie an. Was will der denn von ihr? So grinst sonst nur der Uhu. Das ist der Junge aus ihrer Clique zu Hause, der sie seit dem ersten Schultag nervt. Und wie! Mama sagt, der Uhu will ihr Herz erobern. Oh Mann!

Bevor die kleinen Hengste eingefangen werden, gibt es eine endlos lange Vorführung. Die machen es hier vielleicht spannend!

Der Bingomann kündigt als Erstes einen Fanfarenzug an.

Fanfaren?

Na … Horn-Posaunen-Trompeten-Blasmusik! Da kommen sie an, die Musikmacher! Durch die enge, gras-bewachsene Einfahrt, die das naturbelassene Gelände von der Arena trennt.

Die Bläser sitzen natürlich auf Pferden. Immer zwei laufen nebeneinanderher. Nur *ein* Pferd will nicht so, wie der Reiter es will. Es versucht dauernd, aus der Gruppe der Fanfaren-Pferde auszubrechen. Es ist ein Schimmel. Der hat vielleicht einen Dickkopf, dieser Sturkopf!

Der Bingomann sagt: »Pferde sind auch nur Menschen.«
Der spinnt doch wohl! Soll Millie etwa darüber lachen?
Bevor es aber mit der Blasmusik richtig losgeht, entsteht
in dem Block, in dem Millie Platz gefunden hat, einige
Unruhe. Es gibt doch tatsächlich Leute, die zu spät zur
Vorführung kommen! Das sind drei Damen. Die haben
wohl ihre Zeit beim Friseur verpennt. Bei zweien von
ihnen sind die Haare in großen, vollgesprühten Locken
festgetackert, dass sich kein Härchen rührt. Und die
andere hat eine Monsterfrisur mit einem Storchennest
auf dem Kopf, na ja … so ähnlich. Ganz dicht trippeln
die drei an Millie vorbei. Sie tragen bunte Kleider mit
großflächigen Mustern und haben sich elegante Taschen
unter den Arm geklemmt. Und wie die Damen riechen!
Nach Schaumfestiger, Haarspray und der Parfüm-
abteilung vom Kaufhaus. Der schwere, süßliche Geruch
dringt in Millies Nase.
Hatschi!
Hatschi!
Hinsetzen, meine Damen! Sonst kann Millie nichts
sehen!
Leider hocken sie nun zwei Reihen vor ihnen. Selbst
Andy ruschelt auf seinem Platz hin und her. Das rot-
blaue Mohn-und-Kornblumen-Kleid der einen und das
Schnörkelblätter-Kleid der anderen Dame nehmen ihm

die Sicht. Hoffentlich kommt er nicht auf die Idee, sich
hinzustellen, damit er besser sehen kann. Das würde
Millie gerade noch fehlen!

Nee. Andy dreht sich nur zu ihr um und zieht eine
Schulter hoch. Und wie durch einen Reflex macht Millie
das Gleiche. Wollte sie gar nicht! Sie selber hat jetzt auch
keinen besonders guten Blick auf die Arena. Wenn die
Frau mit dem Storchennest auf dem Kopf redet, wackelt
das ganze Gestell hin und her. Millie stößt Mama mit
ihrem Ellbogen an und weist mit dem Kinn nach vorne.
Mama nickt und grinst wissend.

Was kann man denn da machen?

Nix.

Tritsch-tratsch, tritsch-tratsch, ertönt aus den Laut-
sprechern schnelle Pferdemusik, tritsch-tratsch, tritsch-
tratsch.

Ein größeres Mädchen führt Pinocchio vor, und der
Bingomann berichtet den Zuschauern, dass das Pferd
aus diesem Stall kam.

Wieso *Stall*?

Na ja, das sagt man so. Pinocchio war früher also ein
Wildpferd aus diesem Bruch. Und nun kann man auf
ihm reiten! Na, sieh mal an. Er ist jetzt neunzehn Jahre
alt, und der Bingomann behauptet, dass die Merfelder
Pferde sogar vierzig werden können.

Millie rechnet. Wenn sie ihr Wildpony gewonnen hat und es im Moment ein Jahr alt ist, dann wird es in neununddreißig Jahren vierzig sein. Klaro. Und Millie … siebenundvierzig. Boah! Älter als Mama heute! Das kann sie sich gar nicht vorstellen.

Pinocchio tanzt zur Musik von *Hands up, baby, hands up*. Das steckt die Leute an. Mama wackelt auch schon mit dem Oberkörper und stimmt mit ein: *Hands up, baby, hands up.*

Mensch, Mama! Andy dreht sich bereits nach ihr um! Der denkt bestimmt … was ist denn das für eine Wackelmama? Muss Millie sich deshalb ihretwegen schämen?

Och … nö.

Der Cowboy hat sich gar nicht nach Mama umgedreht. Hinter ihm sitzt nämlich Trudelchen. Sie hat ihre Füße gegen seinen Rücken gestemmt und beide Hände auf seine Schultern gepatscht.

Andy greift nach ihren Armen. »Oh, was bist du knuddelig!«, sagt er.

»Das ist Mäusespeck«, belehrt ihn Millie.

»Gaaa niiich!«, ruft die kleine Schwester. »Iss Babysspeck!«

Das sagt Papa immer, wenn er an Trudels Speckröllchen knabbert.

Nun ist die Rasselbande an der Reihe. So heißt eine Gruppe Kinder aus dem Reiterverein. Sie haben ihren Pferden gelbe, rosafarbene und grüne Schleifenbänder in die Mähnen geflochten. Ob die Ponys das schön finden? Na, die werden sich ja nicht im Spiegel angeguckt haben.

Pferde sind keine Menschen, Bingomann!

Die Rasselbande macht ein Wettrennen mit ihren Ponys. Jungs gegen Mädchen. Einmal gewinnen die Jungs, nämlich beim Flaschenpendel-Spiel, und dann die Mädchen, beim Sockenstopf-Spiel. Das ist **fair**. Was die können! Im Lauf abspringen und wieder aufsitzen, während die Pferde weitergaloppieren, aber hallo!

»Nur fliegen ist schöner«, behauptet der Bingomann. Trudel ist so begeistert, dass sie ihr Plüschpferdchen ebenfalls fliegen lässt.

Hups!

Tamino saust hoch in die Luft, macht einen Salto … und Andy versucht sogar mit beiden Händen, ihn zu retten. Da purzelt das Pferdchen bereits mit der Schnute voran direkt in das Storchennest der Dame, die vor dem Cowboy Platz genommen hat.

»Huch!« Vor Schreck lässt die Dame ihre schicke Tasche fallen. Sie greift sich an das Storchennest auf ihrem Kopf und ertastet das weiche Fell.

Sie schreit erneut auf: »Huch! Was ist denn das?«

Nur ein Plüschpferdchen, meine Dame.

So leicht lässt sich Tamino jedoch nicht aus dem fest-
gesprühten Nest befreien. Die beiden anderen Damen
müssen helfen. Sprachlos schaut Millies kleine Schwester zu. Sie ist aufgesprungen. Ihr Mund steht offen und
ein Spuckefaden rinnt ihr Kinn hinab.

Mama erhebt sich ebenfalls. Will sie **einschreiten**?

Zu spät, Mama. Die Mohnblumendame und die mit den
Schnörkelblättern haben Tamino befreit. Sie sehen sich
kopfschüttelnd nach dem Übeltäter um, und auch die
Storchennestfrau erhebt sich.

Wer war das? Das steht allen dreien grimmig ins Gesicht geschrieben.

Kriegt Millies kleine Schwester jetzt **Ärger**?

Mama?

Mama!!!

»Sorry!«, ruft Mama, und Papa steht jetzt ebenfalls auf. »Entschuldigung«, sagt er. »Meine kleine Tochter ist so begeistert von dieser tollen Darbietung …«

Aber die Damen wollen keine Entschuldigung hören.

In ihren missmutigen Gesichtern haben sich tiefe Falten eingegraben. Die Mundwinkel hängen wie auf Kommando nach unten.

»Wir gehen lieber«, sagt die Schnörkelblätterfrau. »Ich glaube, wir sind hier fehl am Platz.«

Genau! Wer so riecht, so **stinkig** riecht, hat auf dem Wildpferdefang nichts zu suchen. Haben die gedacht, dass in der Arena ein englisches Pferderennen stattfindet? Dann hätten sie lieber Hüte statt Storchennester auf dem Kopf tragen sollen. Ach was, das wäre ja noch schlimmer gewesen.

Her mit Tamino!

Cowboy Andy ist so höflich, der Storchennestfrau die heruntergefallene Klemmtasche aufzuheben und zu reichen. Als Tausch gegen Trudels Plüschpferdchen.

»Pfff«, macht die Storchennestfrau, »pfff.«

Und dann ziehen sie ab, die Damen. Sie gehen dicht an Millie vorbei und der schwere, süßliche Geruch sticht ihr wieder in der Nase.

Manno, Pferde riechen besser als Damen. Pferde riechen nämlich … gesund.

Andy hat der kleinen Schwester das Pferdchen zurückgegeben und Trudel drückt es fest an ihr Herz. Pass nächstes Mal besser drauf, kann Millie nur sagen! Und der Cowboy muss sich gar nicht so bei der kleinen Schwester einschmeicheln.

Hauptsache jedoch, die Sicht auf die Arena ist wieder frei. Die Rasselbande zieht gerade ab. Hoch zu Ross. Toll!

Ob Millie irgendwann reiten wird? Vielleicht, wenn ihr Wildpony älter ist? Sie weiß gar nicht, ob Hemingway je geritten wurde. Sie kann sich den alten Herrn Mayer nicht auf einem Pferderücken vorstellen. Aber sie könnte ihn mal fragen.

Millie schaut auf Papas Armbanduhr.

Eine halbe Stunde ist vergangen. Und die Vorführung geht weiter, nun mit den Dickepfoten-Pferden. Die haben ja Puschel an den Füßen! Und wie riesig Bauch und Rücken sind! Dick! Dicker! Am dicksten! Richtige **Kaventsmänner**. Haben die auch ihr Leben lang Schnitzelbrötchen zu fressen bekommen?

»Auf den Kaltblütern reitet der Mann ohne Nerven«,
kündigt der Bingomann an.
Oha!
Und wirklich! Mannomannomann … der Mann ohne
Nerven steht breitbeinig auf den Rücken von zwei
Dickepfoten-Pferden, die der Bingomann Kaltblüter
genannt hat. Ein Bein hier und ein Bein dort.

Obwohl die beiden Pferde nicht gerade die schlanks-
ten sind, galoppieren die ganz schön los. Einer heißt
Campino und der andere Gilbert. Was für tolle Pferde-
schwänze sie haben! Und was für dichte, haarige
Gardinen vor der Schnauze! Mähne und Schweif so
lang und hell wie bei den Prinzessin-Barbie-Pferden.
»So sehen Sieger aus!«, ruft der Bingomann, als
Campino und Gilbert die Arena verlassen.
Anschließend werden Dressurpferde und Wanderpferde
und Westernpferde präsentiert. Sie haben fantasievolle
Namen, die der Bingomann alle auswendig hersagt:
Bobby, Whisky, Pegasus, Joopi, King Louis, Max,
Smokey und Merlin.
Trudelchen bleibt bei all diesen Vorführungen der Mund
offen stehen. Und Millie fällt ein, dass sie unbedingt
einen Namen für ihr Pferd finden muss. Unbedingt!
Aber als jetzt Smokey aus der Reihe springt und seine
Reiterin Mühe hat, ihn **zur Räson** zu bringen, vergisst
sie es wieder. Und der Bingomann fängt erneut damit
an: »Pferde sind auch nur Menschen.«
Ey, wenn der Bingomann nicht so viel quasseln würde,
könnte Millie besser nachdenken! Mama murmelt: »Der
hat eine Stimme wie …« Wie der Bingomann, Mama!
Cowboy Andy in der Reihe vor ihnen hat zugehört. Er
dreht sich abrupt um.

»Das ist mein Onkel Herbert«, sagt er.

»Ach so«, sagt Mama. »Hat eine Stimme wie … wie …«

Wie der Bingomann, Mama!

Die Zeiger auf Papas Uhr sind, seit Millie Platz genommen hat, inzwischen mehr als eine Stunde vorgerückt. Weit mehr. Oh Mann!

Plötzlich hat sich der Himmel bezogen. Ob es regnen wird? Heute hat Millie keinen Regenschirm dabei, und sie würde sich bedanken, wenn die Leute in den Reihen vor ihr die Schirme aufspannen würden, schnappklack. Drei Regentropfen fallen vom Himmel. Einer auf Papas Nase, einer auf Mamas Arm und einer auf den Dez von der kleinen Schwester. Hat sie gar nicht gemerkt. Millie wird nicht getroffen. Ist jetzt endlich Schluss mit den Reitervorführungen?

Ja!

Der Bingomann fordert das Publikum auf: »Bitte Applaus, bis der Letzte draußen ist.«

Der Letzte ist Smokey, der nach mehreren Anläufen auch den Ausgang durch die enge Schleuse der Arena findet. Tor auf!

Alle Leute klatschen begeistert, Trudel so lange und heftig, dass ihre Händchen knallrot geworden sind und Papa am Ende pusten muss.

Die wilde Jagd

Der Bingomann erhebt seine dröhnende Stimme.
»Und nun, meine sehr verehrten Damen und
Herren …«, beginnt er, »… vierhundert Wildpferde,
tausendsechshundert Hufe, achthundert Nüstern …«
Macht der jetzt Mathe, oder was? Und wieso sind nur
die Damen und Herren *sehr verehrt*? Ey, Bingomann, hier
gibt's auch viele Kinder!
»Tor auf!«, brüllt er.
Die Erde bebt. Eine Staubwolke kündigt die Herde an,
die von Treibern in die vorgesehene Bahn gedrängt
wird. Dann ein dunkler Ton wie das Grollen, das
ein Gewitter ankündigt. Und gleich einer einzigen,
riesigen Walze donnern die Pferde dicht an dicht in die
Arena, Rücken an Rücken, eine graubraune Welle mit
sandfarbenen und nussbraunen Flecken, die sich über
das ganze freie Feld zwischen den Zuschauerrängen
ausbreitet. Eine Zeit lang galoppieren die Tiere aufge-
schreckt Runde um Runde, die Hufe trommeln dumpf,
tatock, tatock, tatock, tatock … angeführt von einer der
älteren Stuten, bis sie sich halbwegs beruhigt haben.

Schützend nehmen die größeren Tiere die Fohlen in
die Mitte. Einige der Wildlinge schnauben so heftig,
dass Millie meint, die ausgeatmete Luft vor den Nüstern
in Wirbeln gekräuselt zu sehen. So eine Jagd haben die
jungen Pferde noch nicht erlebt. Unruhig und nervös
schlagen sie mit den Hufen auf den Boden. Nach einer
Weile jedoch fangen die Ersten bereits an zu grasen.
Millie atmet auf. Sie ist gespannt, ob es so ruhig bleiben
wird. Ihr Herz klopft laut gegen die Rippen. Als wäre
sie Teil der Herde. Und sie muss an ihr Pferdchen
denken. Es wird gar nicht wissen, was hier geschieht.
Und vielleicht schutzsuchend neben seiner Mama
stehen.

Staub und Dampf, der von den schwitzenden Pferdeleibern aufsteigt, verbinden sich jetzt zu einem auf-
regenden Geruch. Den wird Millie nie vergessen. Es
riecht nach Erde, Sand, Schlamm und warmen Körpern.
Und nach Angstschweiß. Oje. Die Herde hat sich in eine
Ecke gedrängt. Wartet ab.

»Fünfundzwanzig Fänger marschieren ein«, kündigt der
Bingomann an. »Kräftige, mutige Burschen, die einen
tollen Job erledigen werden.«

Der Aufmarsch der Fänger in ihren blauen Kitteln!
Millie erkennt zwischen den jungen Kerlen den stroh-
blonden Haarschopf von Uwe.

Oh, guck mal! Angeführt wird die Truppe von der
Försterin Frau Röhrenkampf. Ach nee …

Frau Rövekamp mit ihrer grünen Uniform und dem
kecken Hütchen auf dem Kopf lächelt. Ist das heute
ihr großer Tag? Ob ihr das Herz auch vor Aufregung
klopft? Sind die kleinen Pferde nicht ein bisschen wie
ihre Kinder, die sie herzlich liebt?

Und nun der Bingomann: »Fangt sie ein!«

Das heißt: Achtung, fertig, los!

Von allen Seiten gehen die blauen Fänger gemächlich
auf die Pferde zu. Heben die Arme. Trennen einige
Stuten von der Herde und drängen sie in die Ecke. In
die, genau vor Millies Nase!

Die jungen Kerle bücken sich und schauen nach, was sie da zusammengetrieben haben. Lauter Stuten und ein kleines Fohlen. Kein Jährling dabei!

Jemand öffnet den Stutenstall, ein mit Holzlatten abgetrenntes Grasstück in der Arena. Wow … wie froh die Pferde sind, dort hineinflüchten zu können. Gerettet!

»Na, das war wohl nix!«, kommentiert der Bingomann. »Nun aber richtig ans Werk, Jungs. Traut euch was!«

Während die jungen Kerle weiter versuchen, eine Gruppe mit Jährlingen herauszusortieren, kommt der Bingomann endlich zur Sache.

»Die ersten fünf eingefangenen Jährlingshengste werden, wie allseits bekannt, verlost.«

Ja, Mann, allseits bekannt!

»Und nun macht mal, Kerle, Kerle, Kerle!«

Da laufen sie, scheuchen die Pferde auf, versuchen, zwischen die Leiber zu kommen, immer mit erhobenen Händen.

Jetzt rutscht ein Fänger auf dem feuchten Gras aus, gerade als er nach einem Jährling greifen will, der ein richtiger Flitzer ist und ihm entkommt. Patsch, liegt der Blaukittel auf der Nase und ein anderer beugt sich über ihn.

Da brüllt der Bingomann: »Nicht den Stefan fangen, Kevin, du sollst den Jährling fangen!«

Soll das lustig sein?

Da! Wieder sind einige Wildpferde in die Ecke gedrängt worden. Zwei Jährlinge darunter. Das erkennt Millie ganz genau. Ihr Pferdchen ist nicht dabei. Es läuft dahinten mitten in der großen Herde. Es ist das mit dem hellen Zottelfell.

Die jungen Burschen bücken sich und versuchen, unter den Bauch der kleineren Tiere zu gucken. Ob Junge oder Mädchen. Die Pimmelfrage!

Ah! Auf ein Pony trifft es zu. Ein kleiner Hengst. Die Fänger mühen sich ab, ihn von der Gruppe zu trennen.

»Ho!«

»Ho!«

Das kleine Wildpferd prescht davon. Eine Meute junger
Kerle hinter ihm her, aber der Wildling ist blitzschnell.
Es dauert, bis einer ihn eingefangen hat und den Arm
wie eine Schlinge um seinen Hals legt. Der kleine
Hengst wehrt sich, bockt, stemmt seine Vorderbeine in
den Boden. Ein weiterer Fänger muss dem ersten helfen.
Ein dritter kommt hinzu.
Nun haben sie das Pferdchen in die Knie gezwungen
und schließlich auf die Seite gelegt. Drei gegen einen!
Das ist nicht fair! Millie kaut vor Anspannung am
Daumennagel.
Die drei Burschen haben es geschafft, dem Pferd ein
Halfter über den Kopf zu streifen. Ein Seil ist dran
befestigt. Dann lassen die Jungs das Tier aufstehen.

Millie hat kapiert, dass es auf der anderen Seite in den kleinen Pferch gebracht werden muss, wo es einen Chip bekommt. Was wird draufstehen? Nummer? Wohnsitz? Name?

Ach, die kleinen Hengste haben noch keinen Namen. Millie muss sich selber einen ausdenken. Obwohl sie jetzt den Daumen drückt, dass ihr Pferdchen nicht gefangen wird.

Lauf, Pferdchen, lauf!

Und wenn sie es doch kriegen? Soll es vielleicht Zottel heißen oder Ruppel? Zausel oder Wollpferdchen? Noch haben sie ihn nicht.

Der gefangene Jährlingshengst, dieser kleine Muckel, hat inzwischen **resigniert**. Mit drei Mann bringen sie ihn hinüber in den Wildfangpferch.

Erledigt.

Nächster dran.

Wie der Bingomann die Jungs anfeuert!

»Nun zeigt, was ihr könnt, Leute … Ralph! Was hältst du denn den Markus fest? Das ist doch kein Jährlingshengst … Na, könnt ihr denn kein Mädchen von einem Jungen unterscheiden? …«

Nach und nach erwischen die Fänger Pony Nummer zwei und Pony Nummer drei.

Pony Nummer vier, hinter dem sie gerade her sind …

oh, oh … das ist Millies Jährling, der mit dem Zottelfell,
dem flauschigen Teppich am Bauch. Wie der durch die
Arena prescht! Aber hallo!

Jetzt haben die Jungs ihren kleinen Hengst eingefangen,
zwei Fänger umklammern seinen Hals. Er bockt. Wird
er mit den Kerlen fertig? Vor Aufregung springt Millie
auf. Und Trudel muss es ihr natürlich gleichtun! Sie
schaut zu ihrer großen Schwester hoch, und da Millie
gerade wieder ihren Daumen in den Mund steckt
und am Nagel kaut, macht sie auch
das nach.

Mama beugt sich vor. »Setzen,
Kinder, setzen! Sonst können
die Leute hinter euch …«
Hat Millie verstanden. Sie
hockt sich wieder hin.
Trudel grinst nur und
bleibt bockig stehen. Und
versperrt Millie die Sicht!
Manno! Sie muss doch
mitbekommen, was die Jungs mit
ihrem kleinen Pferdchen anstellen!
»Hinsetzen!«
Trudel trampelt auf der Stelle. Sie denkt wohl, Millie hat
ihr nichts zu sagen. Manchmal allerdings schon!

»Setz dich, du alte Blödelmaus!«, brüllt Millie.

Und Trudel?

»Nich ssreien!«, brüllt sie zurück.

Aber Millie wischt sie zur Seite. Sie muss jetzt freie Sicht haben! Die kleine Schwester ist ein bisschen beleidigt, sie zieht ihre Mundwinkel runter und stupst Mama an. Und da die sie nicht beachtet, setzt Trudel sich schließlich hin. Na, geht doch!

Die Fänger in den blauen Hemden haben Millies Pferdchen niedergerungen. Oh, oh … das Pony gibt nicht auf, will sich wieder auf die Beine stellen.

Daumen drücken, Millie! Daumen drücken!

Macht sie doch schon die ganze Zeit.

Da schlägt ihr Wildling mit dem Kopf aus und trifft den Markus an der Nase. Das blutet ganz schön.

Sanitäter! Sanitäter!

»Kerl, da hast du einen Kämpfertyp erwischt«, dröhnt es aus dem Lautsprecher.

Die Männer vom Roten Kreuz laufen herbei. Sie nehmen den Markus mit. Ist nicht viel passiert! Er bekommt nur ein Pflaster auf die Nase und will gleich weitermachen.

Einen Moment lang war Millie abgelenkt. Sie hat gar nicht mitgekriegt, wie die anderen Burschen, die ihr Pony umringt hatten, es schließlich doch überwältigen konnten. Mit vereinten Kräften schleppen sie den kleinen Hengst zum Pferch. Eine Tafel mit der Nummer vier wird am Halfter angebracht. Und in diesem Moment steigt es hoch, reißt sich los und … **ab durch die Mitte**. Es ist den Fängern entkommen! Mitsamt Halfter und Seil galoppiert es zurück zu der großen Herde und mischt sich unter die vielen Pferdeleiber, die wie auf einem Karussell am Rand der Arena kreisen und kreisen und kreisen.

Gut gemacht, Pferdchen!

Millie! Das nützt doch nichts! Die Jagd geht weiter, bis alle Jährlingshengste eingefangen sind. Das weiß sie eigentlich.

Nummer fünf ist nun dran und die Nummer sechs haben die Fänger auch bereits im Griff.

Langsam füllt sich der Hengstpferch. Die kleinen Pferde wiehern ängstlich. Rufen sie nach ihrer Mutter? Oder den Tanten? Den Geschwistern und Cousinen?

Die Jagd auf die Jährlingshengste artet jetzt in ein richtiges **Tohuwabohu** aus.

Mit gebeugten Rücken schauen die Fänger nach, ob sie einen kleinen Hengst in der abgetrennten Gruppe ausfindig machen können.

Was? Nur Mädchen?

Nee, nee … da ist noch ein kleiner Hengst. Hin zu ihm, und von allen Seiten!

»Mensch, Kevin, ran mit dir, du alter Schisshase.« Schon wieder der Bingomann.

Und dort schwenken andere Blaukittel die Arme. Sie halten sich beim großen Tross der aufgeregten und verunsicherten Stuten auf und versuchen, einige Hengste zu isolieren. Achtung! Der kleine in der Mitte wirft die Vorderläufe hoch. Er schlägt mit den Hufen. Uwe ... ja, es ist Uwe ... der hängt sich an seinen Hals, wird mitgeschleift ...

»Uwe, Mann! Jetzt hast du ihn!« Der Bingomann mischt immer mit. »Lass dich nicht verarschen, Junge! Hast du keine Muckis? Gib Gas!«

Andy dreht sich wieder einmal um. »Uwe ist mein Bruder«, sagt er.

Weiß Millie.

»Außerdem läuft Nummer vier noch frei herum!«, mahnt der Bingomann. »Was seid ihr denn für Luschen?«

Nummer vier ist Millies Jährlingshengst. Vielleicht würde er freiwillig zu ihr kommen, wenn er wüsste, dass sie für ihn da sein wird.

Beim Einfangen zuzusehen, ist nämlich kaum auszuhalten. Millie weiß gar nicht mehr, auf welcher Seite sie steht. Wenn die Fänger ein Pony erwischt haben, klatschen die Leute.

Millie hat mittlerweile verstanden, dass es notwendig ist, die Jährlingshengste aus der Herde zu nehmen. Weil es sonst **Trouble** gäbe. Und weil die Herde so groß werden würde, dass die Wildpferdebahn nicht ausreicht. Die Tiere würden nicht genug Nahrung finden und verhungern. Oder sie könnten ausbrechen und über die Äcker laufen bis hin zur Autobahn und dort elendiglich verenden. Die wilde Jagd muss also sein.

Und überhaupt … alles in allem … es ist schön, dass es hier noch eine Herde von Wildpferden gibt. Wo sonst? In Amerika vielleicht.

Der Stutenstall ist nun ziemlich gefüllt. Einige Tiere bäumen sich auf, wiehern, andere rupfen und zupfen am Gras und eins pinkelt vor lauter Aufregung. Beim Einfangen der Jährlinge ist man bereits bei Nummer sechsunddreißig angelangt. Und Nummer vier läuft weiterhin frei herum.

Bravo!

Da fängt es wieder an zu regnen. Einige Zuschauer kramen in ihren Taschen nach Schirmen. Schnappklack, gehen die auf.

»Schirme runter!«, rufen die Leute, die dahintersitzen. Ist doch wahr!

Ein paar Damen haben durchsichtige Plastikhauben dabei und ziehen sie sich schützend über die Frisuren.

Sie sehen aus wie Regenhexen.

Oh! Uwe hat es geschafft, das zottelige Pferdchen Nummer vier an Seil und Halfter zu packen. Beide stehen einen Moment lang ganz still, als würden sie sich abschätzen.

Millie hat beide Hände zu Fäusten geballt und hält sie sich vor den Mund.

Was jetzt?

Der kleine Hengst läuft rückwärts. Uwe folgt ihm. Das Pony weiß nicht, dass hinter ihm der Pferch mit den Jährlingen ist. Schrittchen für Schrittchen setzt es zurück. Aug in Aug mit Uwe. Der macht gar nichts. Hält nur das Seil und setzt einen Schritt vor den anderen.

Und dann geht es ganz schnell: Tor auf, rein mit dem Pferdchen, Klappe zu.

Jetzt hat's sich ausgeflitzt.

Puh! Aber nun wird es **höchste Zeit**, dass Millie sich endlich einen passenden Namen für ihren kleinen Hengst überlegt. Vielleicht hat Mama eine gute Idee.

»Was? Wieso *dein* Hengst, Millie? Wie kommst du denn darauf?«

»Na, wegen der Lose, Mami. Ich werde doch das Pferd gewinnen. Die Nummer vier!«

»Du träumst, Millie.«

Nee, nee, nee, nee, nee.

So hellwach ist Millie noch nie in ihrem Leben gewesen.

Das große Los

Bevor die letzten Wildlinge eingefangen werden, will
der Bingomann die Nummern der Lose bekannt geben,
mit denen man einen Jährlingshengst gewonnen hat.
Die Eigentümer sollen sich umgehend bei ihm melden
und sagen, ob sie das Pferd behalten oder in die Versteigerung geben wollen.

»Wenn das so ist …«, meint Mama. »… gibt es kein
Problem, falls eins deiner Lose gewinnt, Millie. Dann ist
es Geld wert.«

Was für ein Problem sollte es denn geben? Versteht
Millie nicht. Wenn sie ihr Pferdchen hat, ist die Welt
doch rosarosarot.

»Du kannst den Jährling gleich mitversteigern lassen
und bekommst noch ein hübsches Sümmchen dazu.
Deine Spardose würde ganz schön voll werden.«

Millie versteht kein Wort. Was hat ihr Pony mit der
Spardose zu tun? Und wieso hört sie immerzu Geld,
Geld, Geld?

Und jetzt sei still, Mama, die erste Nummer wird auf-
gerufen.

»B …«

B?

So fangen Millies Lose an, jedenfalls einige. Wow! Dalli, dalli, Bingomann! Wie geht es weiter?

Na, der macht es vielleicht spannend! »Die letzte Zahl ist eine Sechs«, sagt er.

Schitti. Eine Sechs hat Millie nicht. Vergiss es.

Nächste Losnummer, bitte.

»Das zweite Los, das einen Jährling gewonnen hat, trägt die Nummer G …«

Millie hört gar nicht mehr zu. Sie hat weder die Sechs noch das **G**.

Abwarten! Gleich wird der Bingomann drei weitere Losnummern ausrufen.

Daumen drücken! Daumen drücken!

»Und das dritte Los … C …«

Wirklich? **C**? Hat Millie! Mannomannomann, spann Millie nicht auf die Folter!

»… zwo …«

Er sagt *zwo*! *Zwo* ist natürlich die Zwei. Und wie weiter?

»… fünf …«

Verflixte Mäusemelkmaschine!

»Die Besitzer der bisher verlosten Jährlingshengste möchten sich bitte bei Frau Rövekamp melden. Und jetzt weiter im Galopp.«

Im Galopp? Ach so. Das Einfangen der
Wildpferde ist noch nicht beendet!
Andy dreht sich zu Millie um.
»Und?«, fragt er. »Wie steht's?«
Was … wie steht's?
»Hast du gewonnen?«
Na, dann hättest du aber
Millies Jubelschreie hören
können, Cowboy! Millie
grummelt nur vor sich hin.
»Wir sind ja noch nicht durch
mit der Verlosung!« Will
Andy sie trösten, oder was?

Inzwischen ist der kleine Hengst Nummer vierund-
vierzig im Pferch. Und der Stutenstall mit den Pferdemädchen und den Fohlen ist proppenvoll. Die großen
Pferde wiehern. Aus allen Ecken ertönt es. *Hwiehiehiehie.*
Was mögen sich die Tiere zurufen? Vielleicht:

Wann ist das hier denn endlich zu Ende?
Was machen die mit unseren Kindern?
Jetzt reicht es aber!
Trampelt mir nicht auf den Fohlen herum!
Ruhe bewahren!
Kinder, durchhalten ist die Parole!

So was oder so was Ähnliches wird das *Hwiehiehiehie* sicherlich bedeuten.

Arme Pferde!

Hey, zwei Losnummern fehlen noch, Herr Bingomann!

Das hat er jetzt ebenfalls bemerkt.

»Die Losnummer für den Jährling mit der Nummer fünf beginnt mit F …«

Vergiss es.

Wieso ist er bereits bei fünf? Hat er die Vier vergessen oder hat Millie nicht richtig aufgepasst?

Er hat es vergessen!

»Ach ja«, sagt der Bingomann. »Kommen wir zurück zur Nummer vier, unserem kleinen Flitzer.«

Soll das sein Name sein? Flitzer?

Aber … pschpschpsch.

»Für die Vier endet das Los auf die Ziffer …«

Na? Na?

»… auf die Ziffer … acht …«

Hat Millie gewusst!

»… und beginnt mit dem … B …«

Weiß Millie! Hält sie in der Hand! Sie kann lesen, Bingomann!

B! B! B! Und nicht **G** oder **C** oder **X, Y, Z!**

»Ich weiß nicht, ob Sie, meine sehr verehrten Damen und Herren, es mitbekommen haben … Jährling mit der

Nummer sechsundvierzig ist inzwischen eingefangen worden. Markus hat es geschafft, jedoch mithilfe von Kevin und Ralph und Uwe.«

Und mit Jonas, Patrick, Tom und Leon. Mensch, lass Millie hier nicht verrecken, Bingomann!

»Und nun weiter mit unserem vierten Los«, sagt der. »Das große Los hat gewonnen …«

Himmeldonnerwetter noch mal!

»B 1928.«

Millie blickt auf den Losabschnitt in ihrer Hand. Da steht: B 1928.

Millie blinzelt. Die Zahl ver-schwimmt vor ihren Augen.

Ist da was reingeflogen? Viel-leicht ein Gewitterwürmchen?

Sie wischt mit einer Hand über die Lider, um das Ge-schwummere wegzukriegen.

Mit der anderen hält sie das Los fest, ganz, ganz fest.

»Na, Millie?« Papa hat sich vorgebeugt. Will er wirklich wissen, **was Sache ist**?

In Millie ist es ganz still geworden. Sie kann es nicht glauben, aber es ist tatsächlich so: Ihr Los trägt die eben aufgerufene Nummer.

Millie bringt keinen Ton heraus. Vielleicht muss das so sein, weil sich innen drin, mitten im Bauch, ein einziger, fetter, süßer Eierpfannkuchen mit dick Zucker drauf ausgebreitet hat. Kein Platz mehr, um Luft zu holen, und bestimmt fällt sie gleich in Ohnmacht.

Vor Schreck?

Manno! Nein! Vor Freude!

Mama nimmt ihr das Los aus der Hand. »Ich kann's nicht glauben«, sagt sie zu Papa. »Millie hat ein Pferd gewonnen.«

»Wo?«, fragt die kleine Schwester, aber niemand geht auf sie ein.

Papa sagt: »Nicht zu fassen!«

Auch Cowboy Andy hat sich umgedreht und schaut Millie an.

»Ey«, sagt er. »Du bist ein Glückskind, Mickymaus.«

»Milliemaus!«, brüllt Trudel ihn an.

Der Bingomann ruft erneut durch den Lautsprecher, dass sich die Gewinner bei Frau Rövekamp melden und bekannt geben sollen, ob sie das Pferd behalten oder in die folgende Versteigerung geben möchten.

Was für eine Frage!

Mama steht bereits auf und nimmt Millie an die Hand. An Papa gewandt, meint sie: »Wir sagen nur Bescheid, dass der kleine Hengst verkauft wird.«

Papa macht ein zufriedenes Gesicht. In Millie jedoch, als sie sich von ihrem Platz erhebt, sackt alles Blut in die Beine. Und der fette, süße Pfannkuchen in ihrem Bauch ist auch verschwunden. Sie ist ganz leer innen drin und gleich fällt sie wirklich in Ohnmacht.

Na, na, na!

Millie hätte sich das nur gewünscht, damit Papa und Mama wissen, wie schlimm es für sie wäre, wenn ihr Pony zu jemand anderem käme als zu ihr und dem einsamen Hemingway.

»Ich verkaufe mein Pferd nicht«, sagt sie mit fester Stimme, die sie selbst überrascht. »Es ist meins und ich nehme es mit nach Hause!«

»Millie!«

Mama und Papa sind sich wieder mal einig:

»… sei doch vernünftig …«

»… wie soll das denn gehen …«

»… was hast du dir da nur in den Kopf gesetzt …«

»… sieh doch ein, dass es unmöglich ist …«

»… es ist ein scheues, wildes Pferd, das überhaupt nicht an Menschen gewöhnt ist …«

»Nein!«, ruft Millie so laut sie kann und **aus lauter Verzweiflung**. »Nein!«

Selbst Andy dreht sich verblüfft nach ihr um.

»Ich behalte mein Pferd!« Am liebsten hätte sie hin-

zugefügt: Aus, Schluss und basta! Das kann sie sich gerade noch verkneifen. Ihr Gesicht jedoch ist stockfinster geworden.

»Ja … und wo willst du damit hin?«, fragt Papa ganz sanft.

Diese Stimme kennt Millie. Die soll sie nämlich zur Vernunft bringen und drückt aus, dass Papa meint, Millie wäre ein bisschen plemplem und man muss sie davor bewahren, auszuflippen.

Der Cowboy in der Reihe vor ihr sagt: »Du kannst es bei uns auf dem Hof unterstellen. Uwe ist doch mein Bruder und der kümmert sich bei uns um die Wildpferde. Wir haben in den letzten Jahren nach und nach insgesamt sieben ersteigert. Der Uwe, der kann das, der macht das, der kennt sich aus. Und mich gibt's auch noch.«

So, so.

Mama schüttelt missbilligend den Kopf und zieht Millie mit sich.

Schnell dreht sich Millie nach Andy um. »Versprochen?«, fragt sie.

»Versprochen!«, ruft der Cowboy ihr nach.

Und wird nicht gebrochen!

Raus aus der Reihe, Stufen runter und nichts wie hin zu Frau Rövekamp, die mit Block und Bleistift und ihrem kecken Försterhütchen darauf wartet, dass sich der letzte Gewinner eines kleinen Wildhengstes bei ihr meldet.

»Ach … Millie«, sagt sie, halb fragend, halb feststellend. »Du bist das. Hast du das große Los gewonnen?«

Genau.

Der Schönste der Welt

Die Försterin zückt ihren Stift. Jetzt wird es **offiziell**.
Millie ist klar, dass sie diesen Moment niemals vergessen wird. Der gehört zu den **Sternstunden** in
ihrem Leben.
Sternstunden?
Solche Erlebnisse nennt man so. Das hat Millie von
Tante Gertrud gelernt, die früher, sehr, sehr viel früher,
Lehrerin war.
Eine Sternstunde im Leben ist zum Beispiel der erste
Schultag, die erste Radtour ohne Stützräder und ganz
bestimmt das erste Pferd, das man besitzt.
Der Kugelschreiber von Frau Försterin
ist dunkelrot marmoriert mit
goldener Schreibspitze,
goldenem Blupp am Ende
und goldenem Klemm-Clip. Schön!
»Und? Du willst den Jährling bestimmt zur Versteigerung freigeben«, vermutet sie.
Versteigerung … Versteigerung … alle reden von
Versteigerung!

Nein!

»Ich behalte mein Pferd«, sagt Millie sehr bestimmt.

»Habt ihr denn einen Viehanhänger dabei?«, will die
Försterin wissen. »Wir achten nämlich sehr genau
darauf, dass unsere Wildlinge fachgerecht verladen
und transportiert werden.«

»Das macht alles der Uwe, Frau … Frau …«

»Rövekamp«, sagt Frau Rövekamp.

Ist schon klar.

»Ist der Uwe dein Vater?«, will die Försterin wissen.

Da muss Millie lachen. »Mein Vater heißt doch Martin!«

»Und wer ist nun Uwe?«

»Na … der hier!« Millie weist mit dem Kopf in die
Arena, wo sich Uwe und Kevin und Ralph oder wie sie
alle heißen gemeinsam abmühen, den letzten kleinen,
wilden Hengst einzufangen, die Nummer siebenundvierzig.

»*Unser* Uwe?«, fragt Frau Rövekamp erstaunt.

»Ja! Der Andy hat mir versprochen, dass der Uwe sich
drum kümmert!«

»*Unser* Andy?«

Wer sonst?

»Aha«, sagt die Försterin. »Und auf deren Pferdehof
wird dann dein Pferd zur Pflege sein und sich langsam
an die Menschen gewöhnen müssen?«

So ungefähr.

Da nickt die Försterin. »Na, wenn ihr das so abgemacht habt …«

So ist es, Frau …

»Alles notiert«, sagt Frau Rövekamp und steckt ihren schönen Kugelschreiber in die Brusttasche der Försteruniform. Nur der goldene Klemm-Clip schaut hervor. Und der goldene Blupp.

»Nun musst du nach oben gehen«, weist die Försterin Millie an. »Der Herr dort, …«

Der Bingomann!

»… der wird gleich den Zuschauern berichten, wer sein Wildpferd mitnimmt oder wer es in die Versteigerung gibt. Und außerdem leitet er die Auktion hier unten.«

Aha.

Als Millie mit Mama hochstiefelt, sieht sie, wie Mama Papa von Weitem einen ratlosen Blick zuwirft und die Schultern hebt. Ihre Arme hat sie ausgebreitet – wie ein junger Vogel, der noch nicht fliegen kann.

Und Papa macht die gleiche Bewegung, dieses Schulterzucken und die hilflose Geste mit beiden Armen.

Trudelchen hat sich auf ihren Sitz gestellt und macht winke, winke. »Huhu!«, ruft sie. »Huuuhuuu! Miiilliiieee!«

Denkt sie, dass Millie hier, in dieser riesigen Arena mit

den vierzehntausend Leuten, zurückwinken würde? Da kann sie aber lange warten.

Cowboy Andy hat die Situation voll begriffen. Er streckt den Daumen hoch. Bravo! Hoffentlich sieht Uwe das genauso! Mit ihm ist nämlich bisher noch gar nichts abgesprochen.

Jupp, jipp, jupp … jetzt ist es amtlich! Millie besitzt ein eigenes Pferd! Dazu ein ganz, ganz wildes. Obwohl der kleine, struppige Muckel sich im Augenblick bestimmt wie eine flügellahme Ente fühlt, eingefangen und in der Ungewissheit, was mit ihm geschieht.

Alles wird **guhuuut**! Keine Bange, Pferdchen.

Millie und Mama haben das Podest erreicht, von dem aus der Bingomann seine Ankündigungen macht. Grüne Schürzentücher hängen vom Tisch herunter, damit bloß keiner seine Beine sieht. Oder seinen dicken Bauch.

Der Bingomann sieht gar nicht aus wie der im Fernsehen. Dieser hier hat einen Schnauzbart wie ein Seehund.

So gut er kann, beugt er sich mit seinem dicken Bauch hinunter zu Millie.

Sie kommt sich in diesem Moment sehr klein vor. Gut, dass Mama an ihrer Seite ist.

»Oh«, säuselt der Bingomann ins Mikrofon, sodass alle Leute jetzt mitbekommen, was hier oben passiert.

Muss das sein?

Ist das peinlich?

Och nö. Wer das große Los gezogen hat, dem muss gar nichts auf der Welt peinlich sein.

»Hier haben wir eine junge Dame, die den letzten wilden Jährling gewonnen hat, den kleinen Flitzer mit der Nummer vier. Freust du dich?«

Der Bingomann hält Millie das Mikrofon vor die Nase. Sie bringt kein Wort heraus und nickt nur.

Mama will zu Hilfe kommen. »Nun …«, beginnt sie. Sie weiß nicht, was sie sagen soll.

»Aha!«, schnuselt der Bingomann. »Die junge Dame ist ganz lässig. Tja … wenn sie schon ein eigenes Pferd besitzt! Wie heißt du denn eigentlich?«

»Millie«, piepst Millie. Ihre Kehle ist total verklebt. Sie räuspert sich, dass es nur so durch die Lautsprecher-anlage und durch die ganze Arena dröhnt. Hups.

Dann sagt sie laut und deutlich: »Millie!«

Jooo, das knallt durch das Mikrofon! Sollen doch alle Leute ruhig wissen, dass sie es ist, Millie, die das große Los gezogen hat. Und alle, alle vierzehntausend lachen.

Warum bloß? Weil sie *Millie* heißt?

Sie kriegt noch mit, wie die kleine Schwester wieder »huhu« ruft: »Huuuhuuu!«

Jetzt lass das mal, Trudel!

»Nun möchte ich erfahren, ob du die Nummer vier behalten willst oder in die Versteigerung gibst.«

Hat Millie doch bereits Frau Rövekamp gesagt. Steht
auf ihrem Block! Braucht der Bingomann nur nach-
zuschauen.

»Na, meine Kleine?«, drängt er Millie.

Und *Kleine* muss er sie schon gar nicht nennen. Sie ist
stolze Pferdebesitzerin! Selbst Mercedes zu Hause, die
bereits seit ewigen Zeiten Reitunterricht hat, muss sich
ein Schulpferd ausleihen. Mercedes, die blöde Ziege,
wird vor Neid erblassen.

Ach so … Millie ist dran, was zu sagen. Ein Wort
genügt!

»Behalten!«

Die Leute drumherum klatschen, und der Bingomann
sagt: »So ist's recht.«

Millie hört, wie Mama tief Luft holt. Und sie kriegt mit, wie Papa dort hinten auf den Rängen eine sehr seltsame Handbewegung macht, so, als würde er sich mit der flachen Hand die Kehle durchschneiden.

Zu spät, Papa! Jetzt ist es nicht nur **offiziell** … jetzt ist es auch **öffentlich**! Vierzehntausend Zeugen, Papa! Sache geritzt!

»Und wie soll dein Wildling heißen?«

Oh Mann! Das muss sich Millie nun auf die Schnelle überlegen? Dazu hatte sie bisher keine Zeit. Was war ihr da vorhin alles durch den Kopf gegangen … Zottel … Ruppel … was noch? … Zausel, Muckel, Wollpferdchen …

Passt alles nicht. Warte … warte … Vielleicht … Carlito, Olchi, Beutolomäus … alles, alles blöd.

Himmeldonnerwetter, wie soll Millie so schnell den richtigen Namen finden? Und der Bingomann wartet und wartet.

Wer ist denn der schönste Junge der Welt? Ihr fallen im Moment nur schöne Mädchen ein. Aber ein Mädchenname geht nun mal nicht.

Der Schönste auf der Welt … der Schönste auf der Welt ist … nein, nicht Jocko! … Es ist ein Junge, den sie vor einiger Zeit im Fernsehen gesehen hat. Und wie hieß der?

Momentchen! War das nicht … Robin?

Und der Bingomann wartet und wartet.

Öööö … Millie brüllt so laut sie kann ins Mikrofon.

»Robin!«

»Robbe?«, fragt der Bingomann. »Robbe wie …
Seehund?«

Was hat der denn für Ideen? Und hat er taube Ohren?
Er sieht doch selber aus wie ein Seehund!

»Robin!!!«

»Hmhm, so, so. Na, dann wünsche ich dir viel Glück
mit deinem … Robin«, sagt der Bingomann zum
Schluss.

Das wird Millie haben. Ganz bestimmt.

Sie hopst die Stufen hinab und zwängt sich schließlich
durch die besetzte Reihe bis zu ihrem Sitz.

»Du brauchst gar nicht so zu grinsen«, sagt Papa,
schüttelt sein Haupt und fügt hinzu: »Wie soll das denn
gehen?«

»Der Uwe macht das schon«, mischt sich Andy ein.

Und zur Bestätigung echot Millie: »Der Uwe macht das
schon.«

»Na, darüber ist noch nicht das letzte Wort gesprochen.«
Ach, Papa, jetzt beruhig dich mal. Unten in der Arena
geht es nämlich bereits weiter.

Das Gatter am Eingang zur Arena wird geöffnet. Der

Stutenstall ebenfalls. Ein Pferd sieht, dass die Freiheit lockt. Das ist die Leitstute. Sie prescht heraus. Und alle, alle Wildlinge hinterher, eine einzige, vorwärtsrollende Lawine aus Pferdeleibern, graubraun, sandfarben und ein paar Flecken nussbraun, setzt an zur Flucht.

Und weg sind sie!

Es dauert, bis die Staubwolke sich gelegt hat. Frau Rövekamp und die Fänger bilden eine lange Reihe. Die reicht vom Pferch, in dem die kleinen Hengste unter-gebracht sind, bis zum leeren Gehege, wo vorher die Stuten mit den Pferdemädchen und den Fohlen gestan-den haben. Sie halten ein langes Seil zwischen ihren Händen gespannt.

Achtung! Jetzt wird das Tor bei den Jährlingshengsten geöffnet. Siebenundvierzig kleine Wildlinge wissen nicht, was sie machen sollen. Keine Mama weist ihnen den Weg.

Einer der Fänger, der genau vor dem Pferch steht, klatscht in die Hände.

»Ho, ho!«

Da galoppieren sie raus aus der Umzäunung, vorbei an den Fängern, Uwe, Ralph und Kevin … vorbei an Frau Försterin … hinüber zu dem weit offen stehenden, größeren Weidestück in der Arena … Bleibt ihnen auch nichts anderes übrig. Und Robin, Millies Pony mit dem

Zottelteppich an Rücken und Bauch, stürmt mit. Und wieder schließt sich das Tor hinter ihnen. Was für ein Tag für die Wildlinge!
Der Bingomann hat sich inzwischen hinunter auf das Grasfeld der Arena begeben. Er baut sein Mikrofon direkt im Pferch auf. Die kleinen Wildlinge haben sich in eine Ecke gedrängt, dicht an dicht. Sie schauen einfach weg, ihre Popos kehren sie dem Bingomann zu.

Die Versteigerung beginnt, und alle, alle, die einen wilden Hengst ersteigern wollen, und auch die Leute, die nur dabei zuschauen möchten, strömen herbei.

»Lasst uns runtergehen«, sagt Papa. »Millie kann es sich inzwischen überlegen ...«

Häh? Was denn? Da gibt's nichts zu überlegen!

Sie ergattert einen Platz dicht am Lattenzaun. Andy hat es geschafft, sich neben sie zu drängen, und Mama steht hinter ihr, hat mit einer Hand kurz über ihren Arm gestreichelt.

Vergiss es, Mama! Mit nichts, mit rein gar nichts, ist Millie zu überreden, ihr Pferdchen abzugeben.

Papa steht neben Mama. Er hat Trudel auf seine Schultern gesetzt.

»Hopp, hopp!«, ruft Millies kleine Schwester. »Hopp! Hopp!«, und: »Hü! Hü!«

Papa ist doch kein Gaul!

Der Bingomann verkündet die Nummer des ersten Hengstes, der versteigert werden soll. Das ist das Pony, das ihm am nächsten steht.

»Nummer siebzehn«, ruft der Bingomann. »Wer bietet auf die Nummer siebzehn? Wir fangen bei zweihundert Euro an. Wer bietet mehr?«

Der Erste bietet auf die Zweihundert, der Zweite bietet mehr, der Dritte ...

»Zweihundertsechzig hab ich«, verkündet der Bingomann. Mit einer Hand zeigt er in die Richtung, wo
jemand steht, der das letzte, momentan höchste Gebot
abgegeben hat. Sein Seehund-Schnauzbart wackelt
dabei.

»Jetzt zweihundertachtzig, zum Ersten … zum
Zweiten … dreihundert hab ich … zum Ersten …
dreihundertzwanzig … dreihundertvierzig … das ist
das Gebot … zum Ersten …«

Bingo!

»Siehst du, Millie«, sagt Papa. »So viel Geld könntest du
hier von einer Minute auf die andere verdienen.«

»Und in deine Spardose stecken«, fügt Mama hinzu.

»Oder aufs Sparbuch einzahlen.«

Was ist denn schon Geld, verglichen mit einem Pferd!
Geld! Geld! Geld regiert die Welt. Aber nicht Millie!

»Mein Robin ist nicht mit Geld aufzuwiegen«, sagt
Millie.

… *mit Geld aufwiegen* … das hat sie irgendwo in einem
richtig tollen Buch gelesen. Manche Sätze treffen **den
Nagel auf den Kopf**. Boing.

Millie weiß genau, dass Papa jetzt Mama anschaut,
obwohl sie ihn nicht sehen kann. Und Mama wird
zurückschauen. Beide werden die Schultern zucken. Ja,
ja, werden sie denken, so ist das eben mit Millie.

Aus dem Augenwinkel sieht sie Andy an. Der hat ein verschwörerisches Grinsen im Gesicht.

Besitzt der Cowboy eigentlich ein eigenes Pferd? Oder gehören alle dem Uwe?

Ab in die Kiste

Auf dem Bauernhof von Andys und Uwes Vater gibt
es an die siebzig, achtzig Pferde. Fast alle gehören
Leuten, die ihre Tiere dort in Pension gegeben haben.
Das heißt, die Pferde werden dort gefüttert, gepflegt
und manchmal geritten, wenn der Besitzer das erlaubt.
Der Uwe kümmert sich um die Pensionspferde.
Und auf dem Hof stehen auch die ehemals wilden
Pferde aus dem Merfelder Bruch. Die gehören eigent-
lich dem Papa von Uwe und Andy. Und sicherlich der
Mama von beiden. Aber da der Uwe genau weiß, wie
aus den wilden Pferden ganz zahme Tiere werden, hat
er bei den Wildlingen das Sagen. So hat Andy, der
Cowboy, Millie das erklärt.
Sie hätte gerne gewusst, wie das mit dem Zähmen von
Pferden gemacht wird. Leider hat heute Morgen keiner
Zeit, ihr das zu erklären. Es geht in der Arena nämlich
ganz schön hektisch zu, weil die Pferdebesitzer mit den
Viehwagen durch den Bruch bis zu den Ponys fahren.
Dort drüben, zwischen den Erlen- und Birkenbäumen,
grasen die Wildlinge. Als ob gestern nichts losgewesen

wäre! Sind die kleinen Jährlingshengste über Nacht im
Pferch geblieben? **Mutterseelenallein?** Hoffentlich
haben sie sich ein wenig beruhigen können.

Papa hält vor der Arena, in der einige bereits ihre Viehwagen in Reih und Glied abgestellt haben.

Und wo bleibt Uwe? Mannomannomann, ohne ihn
könnte Millies Pferdegeschichte ganz schlecht ausgehen.
Inzwischen hat sie kapiert, dass sie Robin, den kleinen
wilden Hengst, wirklich nicht einfach so nach Hause
mitnehmen kann. Er würde gar nicht in den Kofferraum
passen. Und überhaupt …

Mama meint, dass sie sich hinter dem Pferch, wo sich
die Wildlinge befinden, auf eine der Bänke in der Arena
setzen sollten. Da können sie alles gut überblicken. Bitte
vorher nach Robin sehen, Mama!

Die Ponys stehen dicht gedrängt, so wie gestern.
Vielleicht trösten sie sich gegenseitig, Bauch an Bauch,
Fell an Fell. Sie gucken die Leute, von denen sie er-
steigert oder gewonnen worden sind, nicht an.

Millie schaut angestrengt in die Arena. Sie will unbedingt mitbekommen, was dort vor sich geht. Viehwagen
um Viehwagen rumpelt auf das Gelände. Und der Uwe
ist noch immer nicht zu sehen.

Manno, Andy! Weißt du nicht: **Versprochen ist
versprochen und wird nicht gebrochen?**

Millie kaut an ihren Fingerknöcheln herum. Das macht sie jedes Mal, wenn sie so aufgeregt ist, dass sie es nicht mehr aushalten kann.

Mama streckt ihre Hand aus und umfasst Millies Finger. Das tut gut. Mama weiß genau, was Millie empfindet.

Ob sie Robin zwischen all den Wildlingen entdecken kann? Er müsste das zotteligste Pony sein. Eins unter siebenundvierzig … gar nicht so leicht auszumachen.

Doch … da … Millies kleiner Muckel ist ganz links zu sehen!

Sie schnappt nach Luft, springt auf und ruft: »Robin!«

Trudel guckt erstaunt hoch. »Robbe?«

Och nee, fängt die jetzt auch noch damit an?

»Robin«, verbessert Millie die kleine
Schwester, »Robin!«

Zum Glück tauchen nun
tatsächlich Andy und
Uwe auf. Mit dem Pferde-
wagen! Plumps, plumps,
plumps machen die Steine,
die Millie vom Herzen purzeln.

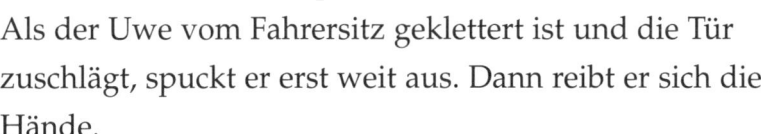

Als der Uwe vom Fahrersitz geklettert ist und die Tür zuschlägt, spuckt er erst weit aus. Dann reibt er sich die Hände.

Packen wir's an, heißt das hoffentlich!

Andy hat Millie entdeckt. Mit Uwe im Schlepptau
kommt er zu ihnen.

»So, so«, sagt der große Bruder. »Da habt ihr beiden mir
ja was Schönes eingebrockt.«

Millie zieht ein wenig den Kopf ein, und Andy, der
wieder seinen Cowboyhut trägt, grinst nur.

»Du bist also die Kleene …«, beginnt Uwe.

Kleene? Na, von mir aus. Aber sie kennen sich doch
bereits von gestern! Obwohl der Uwe heute ein bisschen
anders aussieht. Auf seinem Wangenknochen prangt ein
großer blauer Fleck.

»Oje«, sagt Mama. »So ein Wildpferdefang geht also
nicht ohne Blessuren ab.«

»Wenn's weiter nichts ist«, brummt Uwe. Der steckt so
einen kleinen Bums glatt weg!

Jetzt müssen sie aufpassen: Frau Rövekamp, die
Försterin, die den Abtransport der Jährlinge überwacht
und alles genau notiert, ruft die ersten Leute zu sich.
Nummern sagen, Pferd raussuchen und ab in die
Kiste.

Das ist nicht so leicht. Die Ponys möchten beieinander-
bleiben. Sobald jemand den Pferch betritt, stieben sie
auseinander und rennen aufgescheucht im Kreis
herum.

Aber die Käufer kennen keine Gnade. Und heute ist es

leichter, einen Wildling einzufangen. Das Gelände ist kleiner, und außerdem trägt jeder kleine Hengst das Halfter, das er gestern beim Einfangen gleich übergestreift bekam. So packen immer zwei, drei Männer zu … schwuppdiwupp …

»Und wie wollen die so ein Pony in den Anhänger bekommen?«, fragt Mama eher sich selber.

Papa murmelt: »Guck mal … die befestigen ein Seil am Halfter … da … seht ihr … mit Karabinerhaken.«

Mit was? Mit dem Schnapper am Ende des Seils? Jawohl, so geht es. Erst schwuppdiwupp und dann schnippdischnapp. **Mit vereinten Kräften** ziehen die Männer die Pferdchen zum Anhänger. Schieben, ziehen, schieben, ziehen … So manch einer der Helfer geht dabei in die Knie und wird vom Wildling mitgezogen, mittenrein in die Herde der Jährlinge. Mannomannomann, wenn das mal gut geht! Ziehen, schieben, ziehen, schieben … Nein, nein, nein, keiner der kleinen wilden Hengste will sich freiwillig über die herabgelassene, rückseitige Klappe in das dunkle Loch des Viehwagens führen lassen.

Keine Chance!

»Rin in die Kiste!«

»Stange hinten vor!«

»Mach die Klappe zu, Jürgen!«

Na, zimperlich sind die hier nicht gerade.

Erst an sechster, siebter Stelle darf Uwe mit dem Pferde-
anhänger vorfahren.

Es geht los! Ogottogottogott!

Das ist heute sogar noch aufregender als gestern beim
Wildpferdefang!

Uwe und zwei Helfer betreten den Pferch und sehen
sich suchend um.

Nummer vier, Uwe! Nummer vier!

Millies Pony versteht es gut, sich inmitten der kleinen
Herde verdeckt zu halten. Klar, dass es Schutz sucht.

Millie würde gerne in seiner Nähe sein und es beruhigen. Streicheln, liebkosen … Aber Robin ist ein richtiger
Wildling. Der lässt sich nicht anfassen. Außerdem kennt
er Millie gar nicht. Bislang!

Da! Uwe hat ihr Pferd am Halfter zu fassen bekommen.
Schnippdischnapp hat er das Seil dran befestigt und
versucht, Millies kleinen Hengst mit sich zum Wagen
zu ziehen.

»Jetzt pass auf«, sagt Andy. Er ist anscheinend ganz
stolz auf seinen großen Bruder.

Robin stemmt sich mit aller Kraft dagegen, fortgeschafft
zu werden. Millie springt auf. Beide Hände hat sie zu
Fäusten geballt. Daumen drücken, Daumen drücken,
dass alles klappt!

144

Uwe lässt locker. So ist's richtig, Uwe! Das Pferdchen
hört auf, die Vorderbeine in den Boden zu stemmen.
Uwe und Robin schauen sich an. Aug in Aug stehen sie
sich gegenüber. Alles ist gut. Uwe macht einen Schritt
rückwärts, dorthin, wo die Anhängerklappe des Viehwagens bis auf den Boden reicht. Fast sieht es so aus,
als würde der Jährling dem Uwe vertrauen. Noch einen
Schritt … nee, nee … so schnell kriegen sie Robin nicht
über diese Rampe.
Die beiden Helfer müssen her. Sie ziehen gemeinsam
am Seil. Der Hengst sperrt sich. Es geht nicht vor und

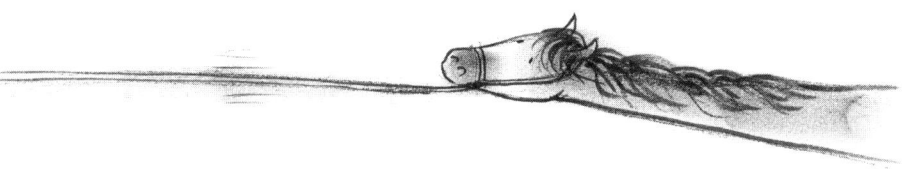

zurück. Und der Hals von dem Pony wird länger und
länger. Die Augen treten angstvoll hervor. Millie schlägt
die Hände vors Gesicht. Was machen die denn
mit ihrem Muckel? Sie kann nicht mehr
hinsehen.
Mama legt den Arm um sie, und
Millie kriegt mit, wie einer
der Helfer sagt: »Ab in
die Kiste.«
Und dann hört sie, wie die
kleinen Pferdehufe auf der
Rampe trampeln, klapp-
klapp, klapp, klappklapp,
klappklappklapp … Obwohl
sie es nicht gut aushält, schaut sie
zwischen ihren gespreizten Fingern hindurch.
»Ey«, sagt einer der Helfer, »das halbe Hinterteil hängt
ihm noch über der Stange.«
»Schieb!«, ruft Uwe. »Fass ihn unter und schieb!«
Puh!
Da brüllt Trudel: »Fäääühääärt iss rein!«, und klatscht in
die Hände. Applaus! Applaus!
Ach, Trudelchen!
»Jetzt kannst du wieder hingucken«, meint Andy. »Der
Uwe hat's geschafft. Hab ich doch gesagt.«

146

Millie traut sich, die Hände runterzunehmen. Mitgekriegt hat sie trotzdem alles. Mindestens mit einem
Auge war sie immer dabei.

Okay, okay, Robin ist im Wagen. Mitsamt seinem
Hinterteil!

Dann geht auch bereits die Klappe zu. Millies Pferdchen
wiehert kläglich: *Hwiehiehiehie.* Ruft bestimmt: *Hilfe!*
Hilfe!

Millie kann aber nicht helfen.

Uwe kommt herüber. »Mach schon, Andy!«, fordert er
seinen Bruder auf. »Wir sind heute Vormittag nur zu
zweit oder zu dritt auf dem Hof. Du musst helfen. Und
die Kleene kann am Nachmittag vorbeikommen und
schauen, wie es ihrem Jährling geht.«

Unbedingt! Das muss Millie machen, bevor sie zurück
nach Hause fahren.

»Und auch streicheln?«, fragt sie.

»Was du dir so vorstellst!« Uwe schüttelt den Kopf.
»Das dauert Wochen, bis sich der Wildling anfassen
lässt. Man muss viel Geduld haben. Unsere Beate wird
sich drum kümmern.«

Also nicht Uwe und Andy?

»Die Beate ist seit Jahren unsere Reitlehrerin. Die hat
Pferdeverstand. Komm ruhig vorbei und sieh dir an,
wie die anderen Tiere sich entwickelt haben. Im Laufe

der Zeit haben wir ja einige dieser wilden Burschen angeschafft. Die sind jetzt zahm wie die Lämmer.«

»Mit streicheln?«, fragt Millie erneut.

»*Die* kannst du ruhig anfassen, Micky«, sagt Andy.

»Oder hast du Schiss?«

Millie schüttelt den Kopf. Und das mit *Micky* kann der Cowboy eigentlich mal lassen.

»Wir haben sogar einen, der ist größer geworden, als er eigentlich sollte. Wie groß ist der noch, Uwe?«

»Unser Gottfried? Der ist inzwischen acht Jahre alt und ein richtiger Brecher. Über ein Meter fünfzig groß.«

»Der ist also kein Pony mehr«, stellt Mama fest.

»Kann man so sagen«, meint Uwe. »Aber jetzt müssen wir Platz machen für den nächsten Karren. Bis später.« Er wendet sich zum Gehen.

Millie flüstert Mama zu: »Der Uwe ist ein Netter.«

Andy hat's gehört. Er wollte schon lospesen, dreht sich jedoch abrupt um und sagt: »Ich bin auch ein Netter.«

Oh, Uwe hat noch was vergessen. »Wenn ihr auf den Hof kommt, sollten wir besprechen, wie wir das regeln mit dem Pferd von der Kleenen.«

Was gibt es denn da zu regeln? Die Kleene sieht von einem zum anderen, von Uwe zu Mama und von Mama zu Papa.

»Ja, ja«, sagt Papa. »Das ist alles nicht so einfach, wie du es dir vorstellst.«

Irgendwie hat sich Millie das schon gedacht. Blöd ist sie nicht! Sie besitzt ein Pferd und hat es doch nicht.

Na, das regle du mal, Papa.

Horseman

Ist das kecke, grüne Hütchen hier jetzt irgendwo zu
sehen? Sie müssen sich doch noch von der Försterin
verabschieden.

»Seht ihr irgendwo Frau … Frau …«, fragt Mama und
sieht sich suchend um, »Röhren… kamm… kampf…«

»Röhren…!« Wie Papa das ausspricht! Ganz vorwurfs-
voll. Als ob er's besser wüsste.

»Rübe…«, beginnt er, »Röbe…«

»Du weißt es auch nicht«, tadelt Mama ihn.

Ach, da ist die Försterin. Kritzelt in ihren Block mit dem
tollen Kugelschreiber, hakt ein Pferdchen nach dem
anderen ab.

»Na, geht's auf die Heimreise?«, fragt sie. »Alles in
Ordnung mit deinem Wildling, Millie?«

Die Försterin hat behalten, wie sie heißt!

»Alles in Ordnung«, sagt Millie und gibt ihr die Hand.

»Tschüs, Frau Rövekamp.«

So heißt die Försterin!

»Ach, noch was …«, sagt Frau Rövekamp, die Forstoberinspektorin. »Wenn Millie sich so für unsere Wild-

linge interessiert und die Chefs der Herde sehen möchte,
also die Papas von den Jährlingen und den Fohlen …«
Ja?
»Dann könntet ihr ins Dorf fahren. Gegenüber der
Kirche stehen sechs Hengste auf der Weide. Ihr werdet
sie ohne Weiteres erkennen. Manchmal kloppen die sich,

dass die Fetzen fliegen. Einen oder zwei der Hengste
lassen wir demnächst auf die Wildbahn. Nächstes Jahr
soll es doch wieder Fohlen geben.«
Na klar!

Die Pferdepapas muss sich Millie unbedingt anschauen!
Das machen sie, sobald sie gepackt und das Hotel
verlassen haben. Trudel hält ihr Plüschpferd Tamino
fest an die Brust gepresst, während Papa langsam durch
die Gegend fährt, um die Hengstwiese nicht zu ver-
passen.

»Wer zuerst ein Pferd sieht, hat gewonnen«, schlägt
Millie vor.

Da zieht die kleine Schwester ihr Kuscheltier hervor.

»Gewonnen!«, schreit sie.

Ey, so war das nicht gemeint!

»Stopp, Papa! Stopp!« Millie hat die eingezäunte Weide
als Erste entdeckt.

Und da stehen sie … sechs schwarzbraune Hengste
mit strähniger, schwarzer Mähne, durch die sie kaum
blicken können.

Papa fährt in den Schotterweg, der ganz hinten zu
einem Bauernhof führt, und stoppt.

Sobald Millie aus dem Wagen gekrabbelt ist und über
eine feuchte Grasnarbe an den Bretterzaun tritt, kommen zwei der wilden Hengste neugierig an. Das sind
kräftige Bellos! Im Moment kloppen sie sich nicht, aber
Millie kann sich vorstellen, wie die Fetzen fliegen, wenn
sie aufeinander losgehen.

Jetzt stehen beide ganz friedlich dicht vor dem Zaun

und schauen Millie an. Sie heben ihre Schnute hoch, ihr Maul würde aber nicht durch den Zwischenraum von zwei Brettern passen. Schade. Millie würde gerne mal über die lange Pferdenase streicheln. Die Nüstern sind gebläht, als würden die Hengste gleich heftig losschnauben.

Trotzdem nähert sich Millie mit ihrer Hand dem Zaun. Ob sie die mal durchstecken sollte?

»Vorsichtig, Millie«, warnt Mama bereits. »Immerhin sind es Wildpferde.«

Na und? Würden sie Millie denn beißen? Müssten sie nicht merken, dass sie ein liebes Mädchen ist? Wenigstens zu Pferden ist sie immer lieb.

Millie kommt mit ihrer Hand den Hengsten auf der anderen Seite ein Stückchen näher. Nur bis zu den Brettern vom Zaun!

Die Pferde gehen einen halben Schritt zurück. Aha. Anfassen lassen die sich nicht so leicht.

Millie schnalzt mit der Zunge, klacktack. Das macht sie bei Hemingway auch immer so. Jetzt versucht sie sogar, ihre Hand zwischen zwei Zaunbrettern hindurchzuzwängen.

Mama sagt mit erhobener Stimme: »Nicht anfassen!«

Mama ist ein Schisshase.

Na gut.

Trudel ist ein wenig schlauer.
Sie streckt einem der
Papapferde ihren
Tamino hin.
»Guck mal!«, sagt sie.
Wer hätte das gedacht!
Der Hengst kommt
einen Schritt vor. Da
zieht Trudel ihr Plüsch-
pferd schnell zurück. Dann
jedoch schießt ihre Hand mit Tamino erneut vor.
»Guck mal!«
Sie passt aber auf, dass ihr Pferdchen nicht zwischen
den Zaunbrettern eingeklemmt wird, zieht die Hand
weg, schiebt sie vor.
»Guck mal!«
Manno, sie macht mit ihrem Hin- und Hergewusel die
beiden Pferde ganz verrückt. Schon wieder!
»Guck mal!«
Einer der Hengste macht einen weiteren Schritt vor, nur
einen ganz, ganz winzigen Schritt. Da kriegt es Millies
kleine Schwester doch mit der Angst zu tun. Sie lässt
Tamino fallen.
Fällt er auf das weiche Gras vor dem Zaun?
Nein.

Trudels kleines Kuschelpferdchen purzelt auf den festen Sandboden und hopst dann hinüber auf die Weide.

Nanu! Wie konnte das passieren?

Allen hat es **die Sprache verschlagen**. Und der dunkle Hengst beugt seinen Kopf, um Trudels kleines Plüschtier zu beschnuppern. Oder will er es gar fressen?

Oje, oje. Es ist so still, dass man die übrigen Hengste, die sich nicht aus der Ruhe bringen ließen, grasen hört, rupf, zupf, rupf, zupf.

Das dauert aber nur einen kurzen Moment. Dann brüllt Trudel los.

»Tamino! Tamino!!«

Das hat sie nun davon.

Und was jetzt, Papa?

Mama?

Der wilde Hengst, der eben an dem Kuscheltier interessiert war, setzt zurück, und zwar mit Karacho. Trudels Geschrei hat ihn erschreckt. Und das zweite Pferd wird angesteckt. Auch dieser Hengst sieht gar nicht mehr so lieb aus. Er jagt dem anderen laut wiehernd nach.

Oha, das ist noch mal gut gegangen.

Und wer holt jetzt Tamino von der Weide?

Der mit den schmalsten Händen.

Das ist eigentlich Trudel, aber die hat sich heulend an den Hals von Mama gehängt.

Der mit den schmalsten Händen ... das ist nun *die* mit den schmalsten Händen, also Millie. Und sie will mal nicht so sein.

Sie bückt sich. Manno, ist das Gras feucht! Der Ärmel von ihrem T-Shirt wird ganz nass, dabei hat sie extra ihr rosa Lieblings-Shirt mit Schnörkelblumen für Robin angezogen.

Vorsichtig schiebt Millie ihre Hand unter den Zaun. Mama oder Papa hätten das gar nicht hingekriegt, so niedrig, wie das unterste Brett über dem Boden hängt. Millie muss fast ihren ganzen Arm hindurchschieben. Wie hat Tamino es bloß fertiggebracht, so weit zu springen!

Jetzt kann sie ihn am Schwanz packen. Soll man ja eigentlich nicht! Es bleibt ihr jedoch nichts anderes übrig.

Dschschschitt ... Vorsichtig und ganz langsam zieht sie das Plüschtier der kleinen Schwester zu sich heran. Papa und Mama passen hoffentlich auf, dass die beiden wilden Hengste ihr nicht zu nahe kommen.

Geschafft!

»Da!«

Trudel guckt nicht einmal hoch, als Millie ihr Tamino hinhält, so fix und fertig ist sie vor lauter **Gram**, dass ihr das Pferdchen davongesprungen ist.

Ja, wenn man so einen Blödsinn macht! Obwohl am
Ende gar nichts passiert ist! Millie gibt Trudel mit der
plüschigen Pferdenase einen Stüber. Da schnappt die
kleine Schwester zu und presst Tamino wieder mit aller
Kraft an sich.

»Jetzt ist gut«, meint Papa und geht zum Auto.
Und wie sollen sie nun den Pferdehof von Andy und
Uwe finden? Von der Straße führen schmale Wege zu
irgendwelchen Gehöften. Heißen alle Leute hier gleich?
Auf den Schildern steht nämlich überall nur *Bauernschaft*. Dort geht es zur Bauernschaft mit der Nummer 91
und da hinten zur Nummer 164. Na so was!
Ach … natürlich … die ulkigen Namen in dieser
Gegend kann sich sowieso keiner merken, nicht mal
der Postbote. Aber alle Namen haben eine Bedeutung.
Das hat Millies Lehrerin Frau Heimchen ihren Schülern
schon in der ersten Klasse erklärt. Und Millie geht plötzlich ein Licht auf, was der Name von Frau Försterin
eigentlich heißt. *Röve* … kommt bestimmt von *Räuber*.
Und …*kamp*? Ist doch klar! Und deshalb ist es auch ganz
einfach: *Rövekamp* heißt *Räuberlager*. Logisch!
Oder soll das etwa *Rübenacker* bedeuten? Passt doch
gar nicht zu der Forstoberinspektorin mit dem kecken,
grünen Hütchen!
Nach einiger Hin- und Herkutschiererei biegt Papa

endlich in die Einfahrt zu dem Bauernhof von Uwe und Andy ein. Kein Mensch zu sehen, dafür viele Gebäude mit großzügigen freien Flächen dazwischen.

Millie hat gedacht, dass siebzig, achtzig Pferde viel Lärm machen müssten: Schnauben, Wiehern, Trampeln … und klickerklackernde Hufschläge. Doch nichts ist zu hören. Absolute Stille.

Oh! Dort drüben an einer offenen Scheune ist eine elegante Dame zu sehen. Neben ihr steht ein Pferd. Das hat sie gerade mit einer Bürste abgerieben.

Das Pferd sieht ebenso elegant aus wie die Dame. Sie und das Pferd sehen sich ähnlich.

Gewaschen und gebügelt.

Geschniegelt und gestriegelt.

Beide haben endlos lange Beine, einen sportlich aussehenden, durchtrainierten Körper, einen langen, leicht gebogenen Hals und einen schmalen, apart aussehenden Kopf. Stolze Körperhaltung. Der einzige Unterschied ist, findet Millie, dass die Dame Reitstiefel anhat und ihr Pferd nicht. Stattdessen Hufe unter den Beinen. Eines Tages wird Millie mit ihrem Robin an der Seite genauso elegant aussehen.

Mama steuert auf die Reiterin zu. »Entschuldigen Sie. Können Sie uns vielleicht sagen …«

Manno … bis die mit ihrer Höflichkeitsfrage fertig ist!

Millie unterbricht sie: »Wo ist denn der Andy … und der Uwe?«

»Ja …«, die Dame wendet sich ihnen überaus freundlich zu, »die müssten hier irgendwo sein«, sie macht eine weit ausholende Bewegung mit dem Arm, »irgendwo hier auf dem Gelände.«

Irgendwo! Dieser Pferdehof ist riesig! Aber jetzt kann Millie tatsächlich Geräusche hören, leises, zufriedenes Schnauben, Scharren von Hufen und ein leichtes Getrappel. Ihr Herz klopft. Gleich wird sie bestimmt ihr Pferdchen Robin sehen.

»Wissen Sie denn vielleicht, wo die Wildpferde untergebracht sind?«, fragt Papa die Reiterin.

»Sie meinen sicher die Dülmener«, gibt die elegante Dame liebenswürdig zurück und weist nun mit der Hand nach dort drüben.

Was? Dülmener? So heißen die Wildlinge? Hat Millie gar nicht gewusst.

»Versuchen Sie es dort.«

Mama bedankt sich bei der Dame, die zuvorkommend lächelt. Das Glück springt ihr geradezu aus den Augen! Glück … dazu braucht man nur ein Pferd.

Sie stapfen jetzt über den großen Pferdehof von Andys Papa. Und da … da! … da bewegt sich tatsächlich was. Eifrig und trotzdem ganz ruhig sind auf einem großzügig eingezäunten Gelände einige Mädchen am Werk. Sie beschäftigen sich mit den Dülmenern. Sind das tatsächlich die wilden Pferde?

Langsam wagt sich Millie näher. In dem abgegrenzten Bereich gibt es einen sandigen Hof, davor eine weite Wiese und einen Schatten spendenden, hölzernen Verschlag, unter dem sich einige Pferde versammelt haben. Geduldig lassen sie die Mädchen, die ungefähr so alt wie Millie oder auch ein bisschen älter sind, an sich ran. Da wird gestriegelt und geschniegelt, hier einem eselsgrauen Pony ein Halfter angelegt und dort dem mausbraunen Wallach eine Decke vor die Nase gehalten. Einige der Mädchen haben Reithelme aufgesetzt.

Sind diese Pferde wirklich die sieben ... wie hat Andy das gesagt ... die **nach und nach** ersteigerten Wildlinge?

»Hey«, sagt da jemand.

Ach, da ist er ja! Andy trägt wieder seinen Cowboyhut, hat ihn nach hinten in den Nacken geschoben.

»Hey, Micky!« Er grinst ein wenig unverschämt.

Hey, Blödmann.

»Prima, dass du gekommen bist«, sagt er. »Der Uwe und mein Papa sind noch unterwegs. Die tauchen nachher auf, mein Bruder ganz bestimmt. Willst du den Jährling sehen?«

Den Jährling? Es ist Millies Jährling! Ihr kleiner, süßer, wuscheliger Robin!

Und ob sie den sehen will!

Papa ist an den Zaun getreten, der sie von dem Pferde-gelände trennt. Er legt die Arme auf das oberste Brett und schüttelt den Kopf.

»Und das sollen …«, beginnt er.

»Ja«, unterbricht ihn Andy, »das sind unsere wilden Pferde.« Er lacht. »Das sind ganz zahme Burschen ge-worden, der Dülmi, der Leo und der Gottfried. Ich habe ihnen gerade Müsli in die Futterkrippe gestreut. Willst du mal gucken, Mickymaus?«

»Millie… Millie… Milliemaus!«, brüllt Trudel.

Die nervt vielleicht! Allerdings … sie traut sich was.

»Na, komm rein, Millie«, sagt Cowboy Andy jetzt nämlich ganz sittsam.

»Ja … aber …«, beginnt Millie. Sie will nicht zugeben, dass sie Angst vor den Pferden hat. Es sind zwar Ponys, Millie reicht ihnen jedoch nur bis zum Rücken, und wenn so ein Pferd den Kopf hochreckt, ist es wahrhaftig ein richtiger Bello.

»Ach, komm schon«, sagt Andy und öffnet das Gatter.

Millie sieht sich nach Mama und Papa um.

»Wenn du möchtest …«, meint Mama.

Na, schön. Sie heißt ja nicht Angsthase-Pfeffernase.

Die Futterkrippe, die ein schattiges Dach hat und wie ein kleiner Pavillon aussieht, wird von vier Pferden umringt. Sie haben die Köpfe gesenkt und mahlen mit ihren großen Pferdezähnen das Müsli, Mais, Haferflocken und Dinkel, krrrsch, krrrsch.

Mitten hinein und zwischen die mächtigen Leiber soll Millie sich wagen?

»Die tun dir nichts«, sagt Andy.

Das sagen sie alle, und dann schnappt der Hund doch zu!

Aber ein Pferd ist kein Hund, Millie!

Soll sie sich trauen? Soll sie? Soll sie?

Sie zögert.

Andy öffnet den Mund … Bevor er noch was sagt,

macht Millie lieber einen Schritt auf das Gelände.
Hoffentlich galoppiert dieses große Pferd dort hinten
nicht sofort auf sie zu und rennt sie um. Das soll früher
ein kleines Wildpferd gewesen sein? Mein lieber
Scholli!

»Das ist unser Gottfried«, sagt Andy.

Ach, das ist also das Pferd, das größer geworden ist, als
es eigentlich sollte. Wenn das den Kopf hebt, ist es so
groß wie Papa.

Gottfried nähert sich Millie, oha, oha, oha. Dieser große
Kopf, diese großen Augen, diese großen Nüstern, dieses
große Maul.

Ein Pferd ist nicht der Wolf aus *Rotkäppchen*, Millie!
Klar.

Zwei der Mädchen machen sich jetzt an Gottfried zu
schaffen. Eines hält die Leine, damit er sich nicht aus
dem Staub machen kann. Eines bürstet und striegelt ihn,
als ob es gleich zu einem Festempfang geht.

Gottfried hält ganz still, sogar als ihm die Pferdedecke
auf den Rücken gelegt wird. Macht Gottfried jetzt einen
Ausritt mit den Mädchen? Sein schwarzer Sattel hängt
schon über dem Holzzaun.

»Reitest du auch?«, fragt Millie den Cowboy.

»Ich?« Über die Frage scheint Andy ganz entsetzt zu
sein. »Nein, auf keinen Fall«, sagt er.

»Was?« Millie kann das nicht verstehen. So viele Pferde … und der Cowboy setzt sich nicht drauf! Das ist schon merkwürdig.

»Warum denn nicht?«, will Millie wissen.

»Ich habe Pferde gern«, sagt er und wischt sich den Schweiß von der Stirn. »Und dann sind hier nur lauter Mädchen«, fügt er leise hinzu.

Na und? Mädchen … so, wie er das sagt, hört es sich wie eine ansteckende Krankheit an.

»Ich dachte, du bist ein richtiger Cowboy«, versucht Millie, ihn ein bisschen zu ärgern und tippt sogar an seinen Hut.

»Siehst du hier irgendwo Kühe?«, fragt er. »Ich bin kein Cowboy, sondern ein Horseman.«

Aha. *Horse*, weiß Millie, heißt Pferd. Auf Englisch. Andy meint also, dass er ein Pferdemann ist und kein Kuhjunge. Aber … *Mann*?

Bevor Millie ihn noch damit foppen kann, wird sie von Uwe abgelenkt. An seiner Seite … die große, schlanke, junge Frau … das wird die Reitlehrerin Beate sein.

»Na, sieh an«, sagt Uwe, als er das Gelände der Dülmener betritt, »unsere kleine Pferdebesitzerin!« Er lässt das Tor einladend offen stehen und macht eine Kopfbewegung in Mamas und Papas Richtung, dass sie ihm folgen sollen.

»Ach … danke«, sagt Papa, »wir bleiben lieber hier
draußen. Es ist ja sowieso Millies Tag.«

Stimmt genau!

Und so unterhalten sich die drei Erwachsenen über den
Bretterzaun hinweg. Sie müssen das mit Robin regeln.
Wo ist Millies kleiner Hengst überhaupt? Beate wird das
wissen.

»Sobald wir die Pferde für den Ausgang fertig haben,
gehe ich mit dir zur Box, wo dein Jährling untergebracht
ist«, verspricht Beate.

»Bist du denn jetzt seine Mama?«, fragt Millie.

Beate lacht. »So ungefähr«, meint sie. »Ich kümmere
mich seit Jahren um die wilden Pferde aus dem Bruch.
Man muss sehr behutsam mit ihnen umgehen, damit sie
Zutrauen fassen.«

»Und warum ist Robin nicht hier bei den anderen
Pferden?«

»Wir gewöhnen ihn langsam an die neue Umgebung«,
sagt Beate. »Für ihn muss das ein Schock sein, so abrupt
von seiner Herde getrennt zu werden. Aber er wird
schnell lernen, uns Menschen zu vertrauen.«

»Wie lange?«

»So nach vier Wochen wird er mir aus der Hand
fressen.«

»Und wann kann man auf ihm reiten?«

»Reiten?« Beate zieht die Augenbrauen hoch. »Noch lange, lange nicht. Erst nach vier Jahren können wir anfangen, ihn darauf vorzubereiten, dass er eine Decke auf dem Rücken duldet. Zuerst muss er sie beschnuppern, besabbern, und irgendwann akzeptiert er, dass das seine Decke ist. Und bis wir ihm einen Sattel auflegen können, braucht es noch viel mehr Zeit. Und Geduld. Sag mal … möchtest du dich vielleicht auf eines der anderen Ponys setzen?« Sie macht eine Handbewegung zu den bereits aufgesattelten Tieren.

»Ich?«, fragt Millie erschrocken zurück.

»Nein, auf keinen Fall!«

»Und warum nicht?«

»Ich habe Pferde gern«, sagt Millie.

Das O-Bein-Gefühl

Aber eigentlich möchte Millie doch mal auf einem Pferd sitzen. Klar, sie hat letzten Sommer einige Runden auf einem Pony in einem Kirmeszelt gedreht. Das war allerdings ein lahmes Mini-Mini-Pony! Und nicht so ein Kaventsmann wie Gottfried.

»Ach, komm ...«, sagt Beate. »Du könntest wenigstens mal aufsitzen. Wenn du schon hier bist! Unser Gottfried wird nicht oft geritten, lässt das aber zu. Er ist an Decke und Sattel gewöhnt. Den kümmert es gar nicht mehr, wenn mal ein Mädchen auf ihm Platz nimmt.«

Genau! Das ist es! Ein Mädchen! Wie Andy das vorhin ein wenig abfällig gemurmelt hat.

Millie ist nicht einfach ... so ein Mädchen. Sie könnte auch gut ein Junge sein! Jawohl!

Erstens kann sie ziemlich gut rechnen, zweitens tobt sie draußen gerne herum und drittens hasst sie den Werkunterricht mit Handarbeiten, häkeln und so was alles.

Sie ist sowieso fast nur von Jungs umgeben. Mit Ausnahme von Trudel ... aber die zählt ja nicht ... und mit

Ausnahme von Kucki, ihrer besten und einzigen
Freundin.
Beate hat gemerkt, dass Millie überlegt und überlegt.
»Hopp«, sagt sie und hält ihr schon die gefalteten
Hände hin, dass Millie – ach, du liebe Zeit – ihr Knie
hineinschiebt und, hopp, hopp, auf dem Pferd sitzt.
Gottfried hat nur gelangweilt über die Schulter geguckt.
Der ist ja noch nicht mal gesattelt! Nur seine beige-blau-
rot gestreifte Decke ist auf seinen Rücken geschnallt.
Boah!

Beate bindet das Pferd los und macht mit Millie auf
seinem Rücken eine große Runde.

Ey! Millie reitet ohne Sattel! Wie Aschenbrödel mit den
drei Haselnüssen reitet sie auf ihrem Schimmel durch
den dunklen Wald! Und wie die wilde Merida stürzt sie
sich im schottischen Hochland in neue Abenteuer. Seht
euch das bloß an!

Mama und Papa drüben am Zaun sind sicherlich
sprachlos. Was Millie sich alles traut! Und Trudelchen
hält sich die Hand vor den Mund. Hat sie Angst um ihre
große Schwester?

Oh, ist das … toll, einfach toll! Und es hupst so schön,
hups, hups, hups. Millie denkt zuerst, dass sie gleich
runterplumpsen wird. Sie muss sich ausbalancieren. Die
Knochen in ihrer Wirbelsäule stoßen aufeinander und
ihre Oberschenkel bekommen fast einen Krampf. Sie
muss sich ja irgendwo festhalten! Das geht nur mit den
Beinen. Ihr Popo wird sich bestimmt bei jedem Hups
einen blauen Flecken einhandeln.

Aber es ist wirklich toll. Ja … **das Glück der Erde
liegt auf dem Rücken der Pferde**. Nicht mal
fliegen kann schöner sein.

Nach zwei Runden steigt Millie doch lieber ab. Beate
muss ihr helfen. Gottfried ist ja sooooo groß!

»Habt ihr das gesehen?«, ruft Millie zu den Eltern

170

hinüber. »Ich bin super! Ohne Sattel geritten! Und ohne festhalten!«

»Und mit großer Klappe«, sagt Papa.

Pfff.

Aber was ist jetzt los? Hat sie tatsächlich einen Krampf bekommen? Mit krummen Beinen läuft sie zu Papa und Mama.

»Jetzt kriegst du O-Beine«, feixt Andy.

Ach, deswegen will er nicht reiten! Ob das wirklich stimmt? Hm, Mercedes, die doofe Ziege, reitet doch

schon lange. Und ihre Beine sind lang und gerade, reichen ihr ungefähr bis zum Hals. Millie gewöhnt sich zum Glück auch langsam wieder daran, auf dem Boden zu laufen. Das O-Bein-Gefühl lässt allmählich nach.

Die Pferdehof-Kinder trotten jetzt im Gänsemarsch über das Gelände, mit Dülmi, Gottfried, Leo und den vier übrigen Ponys. Die Mädchen, die eine Reiterkappe tragen, führen die gesattelten Ponys, auf denen sie gleich reiten dürfen.

Während Millie sieht, wie Uwe mit einer Schubkarre unterwegs ist, um den großen Pferden, die in einer Box untergebracht sind, Heu zu bringen, schließt Andy das Tor zur Koppel mit den gezähmten Wildlingen.

Och … ein Pferd wurde vergessen. Das steht hinten auf der Wiese und sieht allen hinterher. Laut wiehert es: *Hwiehiehiehie.* Das bedeutet bestimmt, dass es mitkommen möchte. Es sieht ganz anders aus als die Wildlinge, die nun Ausgang haben, dunkelbraun mit großen, weißen Flecken.

»Das ist der Olle, unser Schecke, der sich mit den Dülmenern angefreundet hat. Aber zum Reiten ist er für die Mädchen hier zu groß«, erklärt Beate.

Der Schecke ist wahrscheinlich schwer beleidigt, dass er nicht mitgenommen wurde. Das könnte Millie verstehen. Aber ausbüxen kann er nicht.

»Das will ich mir jetzt nicht entgehen lassen«, sagt Andy. Was meint er damit?

»Wenn du deinen Jährling wiedersiehst.«

Oh ja, da steht Robin, Millies Pferdchen, einsam, verlassen und verloren auf seinen staksigen Beinen in einer kleinen Box im Stall.

»Schau«, sagt Beate. »Hier gibt es nur Boxen, in denen die Pferde einzeln untergebracht sind. Wir können deinen kleinen Hengst noch nicht zu den anderen Ponys lassen. Er muss erst lernen, keine Angst vor uns zu haben und Futter anzunehmen. Da aber neben und gegenüber von ihm andere Pferde stehen, ist er nicht allein. Und so versteht er auch, dass ihm hier nichts Böses angetan wird.«

Millie klettert auf das unterste Brett vom Verschlag, in dem Robin steht. So schafft sie es, die Arme oben auf die Tür zu legen und hinüberzuschauen.

Ach … ihr kleines Pferdchen! Ist es nicht prima, dass es ihr nicht bloß seinen Popo entgegenstreckt? Vielleicht liegt es an dem frischen Gras, das vorne in der Krippe liegt.

»Damit kriegen wir sie alle«, sagt Beate. »Mit dem Futter. Das ist genauso wie bei den Menschen. Was meinst du, wie nett Kinder sein können, bloß um ein Gummibärchen zu bekommen!«

Stimmt, nicht wahr … Trudel?

Millie schnalzt ein bisschen mit der Zunge. Ob Robin reagiert? Er macht einen Schritt zurück und wendet den Kopf. Sie hat ihn mit ihrem Geschnalze erschreckt. Entschuldigung!

»Wie lange muss er hier bleiben?«, will Millie wissen.

»Nun … bis er einem von uns aus der Hand frisst«, sagt Beate. »Zuerst frisches Gras, dann Heu, und wir bieten ihm ein Leckerli an, zum Beispiel trockenes Brot, das er bisher nicht kennengelernt hat. Er weiß nicht, dass das lecker ist.«

»Und Mohrrüben?«, fragt Millie.

»Die kriegt er dann von mir«, sagt Andy. »Und den ersten Apfel.«

Millie seufzt. Den ersten Apfel hätte sie ihrem Pferdchen gern selber gege-ben. Doch sie wohnt viel zu weit weg, Hunderte von Kilometern. Wie das überhaupt gehen soll? Hoffentlich haben Mama und Papa das mit Uwe geregelt.

»Eigentlich …«, sagt Millie, »eigentlich wollte ich mein Pferd für Hemingway gewinnen.«

»Hemingway?«, fragt Beate. »Wer ist Hemingway?«

»Das ist das Pferd auf der Wiese vor unserem Haus«,
erklärt Millie. »Das gehört dem Herrn Mayer. Papa sagt,
das Pferd ist ein alter Gaul. Aber das würde Hemingway nicht gerne hören.«

»Ist er denn alt?«

Millie zuckt mit den Schultern. »Weiß nicht, er kriegt
Gnadenbrot und ist ganz einsam auf der Wiese. Kein
anderes Pferd in der Nähe! Und da dachte ich …«

»Denken ist Glückssache«, kommentiert Andy.

Päh, päh, päh, päh, päh, päh.

Andy hat sich neben Millie auf das untere Brett vom
Verschlag gestellt. Beide schauen jetzt auf Robin hinab.
Millies kleine Schwester kommt auch angeflitzt. Sie
bückt sich und guckt unten zwischen zwei Brettern
hindurch. »Ich seh ihn«, sagt sie.

Ja, ja, Trudelchen.

»Na, guckt ihr ruhig noch ein Weilchen«, sagt Beate. »In
vier Wochen sieht dein Liebling schon ganz anders aus.
Und dann läuft er sicherlich bald neben den anderen
Pferden in dem Freigelände herum.«

»Auch nachts?«, fragt Millie.

»Sicher. Bei Wind und Wetter. Und im Winter ebenfalls.
Es sind Wildpferde und das bleiben sie auch. Selbst
wenn sie sich an Menschen gewöhnt haben.«

Dann verabschiedet sich Beate, weil sie den Mädchen

auf die Reiterkoppel folgen muss. Beate ist die Aufpasserin. Und ganz sicher eine Pferdeversteherin.

Mama und Papa haben sich in der Nähe des Wohnhauses auf einen Holzstapel gesetzt, der im Schatten liegt.

Ist denn alles geklärt? Geregelt? Na, hoffentlich.

»Willst du ewig hier bei dem Pferd stehen bleiben?«, fragt Andy.

Millie nickt. Am liebsten ... ja. »Ist er nicht süß?«

»Ach ... Ich sehe den ganzen Tag Pferde«, meint der Horseman gelangweilt.

»Und du findest sie nicht toll?«

Millie merkt, wie Andy neben ihr mit den Schultern zuckt.

»Aber ein bisschen auf ihn aufpassen könntest du wirklich, oder?«

»Jooo«, meint der Horseman. »Weil du es bist.«

Dann gucken sie einfach runter, wo Millies kleines, wildes Pferd vorsichtig am Gras zupft. Endlich! Gut so, Robin.

Millie hat plötzlich das Bedürfnis, Andy mehr von Hemingway zu erzählen. Dass sie ihm abends immer nur altes, trockenes Brot bringt, weil seine Zähne schon stumpf und wackelig sind.

»Ich kann ihn nicht mal mit Karotten füttern«, sagt sie.

»Dann wird er bestimmt bald …«

»Was?« Millie dreht ihm den Kopf zu.

»Also … na, bestimmt wird er bald …«, er scheint nach Worten zu suchen, »… in den Pferdehimmel kommen.« Er grinst. Dann springt er runter und schlägt sich den Staub von der Hose.

»Was willst du eigentlich werden?«, fragt Millie. Sie meint, weil er sich nicht **mit Leib und Seele** für Pferde interessiert.

Er zieht die Schultern hoch. »Vielleicht … Pilot oder so?«

Findet er fliegen denn schöner als reiten?

»Und du?«, will er wissen.

»Weiß nicht.«

»Wahrscheinlich Pferdeflüsterin«, lästert er.

Darauf sagt Millie nichts. Erstens geht es ihn **keinen Deut** an und zweitens hat sie das auch schon überlegt. Sie wirft einen letzten Blick auf ihren kleinen Hengst.

»Ich bin echt ver… verknallt in ihn«, traut sie sich noch zu sagen und drückt beide Hände auf ihr Herz. »Ich möchte ihn gar nicht alleine lassen.«

»Er ist nicht allein«, beruhigt Andy sie. »Und du kannst ihm ja mal eine Karte schreiben, Micky.«

Er ist und bleibt ein Blödmann.

»Weißt du was«, sagt sie. »Wenn du mich noch ein Mal
Micky nennst, dann nenne ich dich nicht mehr Andy.«
»Sondern?«
»Handy-Andy!«
»Wow«, sagt er. »Jetzt hast du es mir aber gegeben,
Millie!«

Liebe und Eifersucht

Mama und Papa stehen auf. Die Sonne ist nämlich ein
Stückchen vorgerückt und wirft nun keinen Schatten
mehr auf den Holzstapel, wo sie auf Millie gewartet
haben. Nur Trudel klettert darauf herum und lässt
Tamino von Stufe zu Stufe hopsen.

Vorsicht! Der Stapel kann verrutschen! Aber Papa hält
sie am Schlafittchen fest. Das ist das Gute an Papa und
Mama. Man kann machen, was man will … einer ist
immer da, der einen festhält oder tröstet, wenn man
hinfällt. Oder wenn man traurig ist – wie Millie im
Moment. Warum denn? Na, sie musste sich von Robin
verabschieden. Und das auch noch, ohne ihn nur ein
einziges Mal angefasst zu haben!

Und was haben Papa und Mama inzwischen geregelt?
Mama legt auf dem Weg zum Auto den Arm um Millie.
Das ist ihr ein wenig peinlich, weil Handy-Andy neben
ihr hertrabt.

Nun, bei dieser Regelung ist wohl nichts Gutes heraus-
gekommen. »Also …«, beginnt Mama, »dein Robin ist
hier gut untergebracht.«

»Sag ich ja«, platzt Andy dazwischen.

»Der kriegt hier bestes Futter und wird allmählich an die anderen Pferde gewöhnt.«

»Sag ich ja«, meint Andy.

Mama spricht nun über Millies Kopf hinweg. »Millie kann ihn dann jederzeit besuchen.«

»Sag ich ja.«

Nun hört schon auf damit! Wo ist **der Haken an der Geschichte**? Vielleicht … dass es zu teuer ist, ihren Robin hier unterzustellen?

»Nein, nein«, beruhigt Mama sie. »Das alles kostet dich nichts … uns nichts … und später werden die Kinder, die hier sowieso helfen, sich um ihn kümmern. Unter Anleitung von Beate natürlich. Das ist doch nett, nicht wahr?«

Millie sagt erst mal nichts dazu.

»Dann wird er allmählich an eine Pferdedecke ge-wöhnt …«

Das weiß Millie alles! Aber dass andere Kinder ihn anfassen und streicheln dürfen … vielleicht sogar, bevor sie selber dazu in der Lage ist … das macht sie im Moment richtig **kirre**.

Jetzt legt auch Papa den Arm um sie. Manno, einer von beiden war schon zu viel!

Millie entwindet sich aus der Umarmung. Ist ja nicht

auszuhalten. Gleich wird sie bestimmt heulen! Ihre Nase
fängt schon an zu tropfen.
»Iss sie trauich?«, fragt Trudel. Na, das fehlte noch.
»Da!«, sagt die kleine Schwester und hält ihr das Plüschpferd hin. »Tamino gibt Küss-hen!«

Nee, danke. Millie muss lachen. Mit komischen Lach-
und Weintränen, alles zusammen.
Mama wühlt bereits in ihrer Tasche nach einem
Heultuch.

»Ich dachte …« Jetzt kann Millie zum Glück wieder
sprechen. Sie zieht die Nase trotzdem ein Mal, zwei Mal
hoch.

»Robin ist hier in guter Obhut«, fängt Mama von vorne
an.

Weiß Millie.

»Und wir wohnen nicht gerade um die Ecke.« Papa
muss auch seinen Senf dazugeben!

Weiß Millie.

»Wir leben Hunderte von Kilometern entfernt«, macht
Mama weiter. »Da können wir nicht einfach so jedes
Wochenende vorbeikommen.«

Weiß Millie.

»Außerdem sind wir oft richtig weit verreist …«

Das alles weiß Millie! Trotzdem …

»Ich glaube, es ist … wegen Hemingway …« Och, dass
Andy das behalten hat!

»Das ist doch ein altes Pferd«, meint er, »und alleine auf
der Wiese.«

»Ein uralter Gaul«, bestätigt Papa grimmig.

»Von einem uralten Pferd kann Robin aber nichts
lernen«, sagt Andy. Mann, der spricht ja schon wie die
Alten!

Er fährt fort: »Dein Pony steht hier in ein paar Wochen
bei den anderen Dülmenern, und die bringen ihm viel

bei … zum Beispiel, was er fressen darf und so … keine Disteln …«

Jaaa, Handy-Andy!

War denn alles nur eine schöne Idee? Millie zieht ihre Nase hoch und nickt.

»Siehst du«, meint Papa. »Es ist besser, vernünftig zu sein.«

Vernünftig ist Millie nur … außen. Innen drin, tief im Bauch und ums Herz herum, sieht es ganz anders aus. Da sind sie auf dem Weg zu ihrem Auto bis zum Freigelände der wilden Dülmener gekommen. Gähnende Leere. Klar, die Mädchen sind mit ihnen unterwegs, mit dem Dülmi und mit Gottfried und Leo und den übrigen. Die dürfen das! Manno!

Auf der verlassenen Koppel steht nur noch einer herum. In der hintersten Ecke! Der dunkelbraune Schecke mit den großen, weißen Flecken!

Wie heißt das Pferd noch? Richtig: Olle!

Der schaut jetzt aufmerksam herüber und fängt an, ein, zwei Runden zu galoppieren. Dicht am Gatter bleibt er schließlich stehen und stellt die Ohren aufrecht. Das ist ein gutes Zeichen. Ohren aufrecht heißt: **Peace**. Frieden.

»Das ist ein ganz Lieber«, sagt Andy. »Der ist so nett wie ich.«

Haha.

»Wenn du dich traust, komm mit mir auf die Koppel.«

Millie sieht sich nach Mama und Papa um. Die nicken eifrig. Wahrscheinlich denken sie ... Hauptsache, Millie wird abgelenkt.

»Ich niiich!«, ruft statt ihrer die kleine Schwester.

Die ist gar nicht gefragt worden.

Na schön, Millie geht mal auf die Koppel zu dem Schecken.

Wie zutraulich der ist! Trabt direkt auf sie zu! Oha, oha! Er senkt den Kopf und schnuppert an ihrem T-Shirt.

Na, das sieht inzwischen sowieso aus wie eine einzige Ferkelei.

Millie wagt es, Olle über die lange Nase zu streicheln.

Das Pferd stupst sie an. Heißt wohl ... weitermachen.

Millie macht ein paar Schritte rückwärts. Olle kommt hinterher, stups, stups. Na, das ist ihr jetzt zu doll. Sie dreht sich um und läuft zum Tor.

Und Olle?

Der weicht nicht von ihrer Seite, das heißt, er bleibt ihr auf den Fersen. Er drückt seine Schnute an Millies Rücken, stößt sie an, stups, stups, stups. Ey, das kitzelt!

Millie lacht und windet sich. Welche Bewegung sie auch macht, Olle folgt ihr. Der lässt sie gar nicht mehr in Ruhe!

Handy-Andy lehnt am Zaun und schaut zu. Er **amüsiert** sich über Millie und den Schecken. Na, lach du nur!

»Nun sieh sich einer das an!«, hört sie Mama sagen.

»Das ist fast so wie in diesem Film mit … mit …«

»Clooney?«, fragt Papa.

»Nee, der andere, Robert Redford. Dem ist ein Pferd genauso nachgelaufen, diesem … Pferdeflüsterer.«

»Der mag Millie einfach«, sagt Andy. »Der ist in sie verliebt.«

»Nein!«, ruft Millie. »Ich habe doch schon Robin!«

Was soll sie denn noch mit dem Schecken? Obwohl sie es ganz, ganz toll findet, dass ein Pferd gar nicht von ihr lassen will. Hach, tut das gut.

Papa sagt: »Man kann in mehrere Leute verliebt sein, ich meine … verknallt.«

»Tatsächlich?«, fragt Mama.

»Auch in Pferde«, verbessert sich Papa schnell. »Hinter Millie sind aber mehrere Jungs her. Soweit ich das beurteilen kann. Sie hat freie Auswahl.«

»Gar nicht wahr!«, ruft Millie.

»Wenn ich an den Uhu denke«, muss Papa jetzt auch noch hinzufügen, »und an Jocko …«

Mach bloß weiter so, Papa!

»Ach«, sagt Andy. »Wer ist denn Jocko? Und der Uhu?«

Geht dich gar nichts an, Blödmann.

Mama meint, Andy aufklären zu müssen. »Das sind die Jungs, die aufeinander eifersüchtig sind.«

»Wegen Millie?«

»Sowieso«, sagt Papa.

Millie verdreht die Augen. Dann wendet sie sich dem Tor zu. Irgendwie muss sie hier rauskommen!

Stups, stups, stups, der Schecke lässt nicht von ihr ab. Sie ist hinten bereits völlig besabbert, das T-Shirt ist durchweicht, quatschnass von lauter Pferdespucke.

Sie dreht sich um. Na schön, Angst hat sie vor Olle überhaupt nicht mehr. Sie umarmt ihn, umschlingt seinen Hals. Der Kopf vom Schecken liegt über ihrer Schulter. Jetzt schubbert er Millie am Rücken. Denkt er, sie ist ein Pferd? Kommt sie hier jemals heil von der Koppel runter? Ohne dass sich jemand einmischt, wird Olle sie nicht gehen lassen.

»Der hat dich richtig gern, Mädchen«, sagt Uwe, der zum Abschied aufgetaucht ist.

»Ja, ja«, brummt Andy.

Ist er etwa eifersüchtig?

Jungs!

»Mit den Pferden ist es wie bei den Menschen«, meint Uwe. So was in der Art hat Papa eben auch geäußert.

»Ist bei deinem Robin und unserem Olle nicht anders.

Mit dem Gernhaben. Manchmal passt es und manchmal nicht.« Er öffnet das Tor, das in den Angeln quietscht. Uwe hat Mühe, den Schecken zurückzuschieben. Das erfordert einige Kraft. Millie flutscht schnell hinaus. Der gute Olle wäre so gerne mit Millie mitgetrabt. Ehrlich! Geht leider nicht, Olle!

Uwe schließt das Tor, und mit einem Blick auf beide, auf Andy und Olle, sagt er: »Du kannst ja mal schreiben.« Hat Andy vorhin schon vorgeschlagen.

»Oder telefonieren«, sagt Mama.

»Mit Robin?«, fragt Millie verblüfft.

»So habe ich das nicht gemeint.« Uwe schüttelt den Kopf. Mama und Papa lachen. Sie scheinen ihn verstanden zu haben.

»Wir werden uns wiedersehen«, sagt Papa. »Millie muss ihren Liebling ab und zu streicheln dürfen.«

»Und den Olle auch«, fügt sie hinzu. Der hat sich nämlich in ihr Herz geschlichen. Komisch, in zwei gleichzeitig verknallt zu sein, das geht wirklich. Manno, in zwei Pferde!

Von ganz, ganz hinten kommt der Trupp Mädchen mit den Dülmenern zurück. Millie winkt zum Abschied. Trudel hebt eine Pfote von ihrem Plüschpferd hoch und wackelt damit hin und her. Dabei können richtige Pferde gar nicht winken.

»Sag Tschüs, Tamino!«

Und jetzt soll das Kuscheltier sogar mit beiden Vorderbeinen winken. Ein Pferd ist kein Hund, der Männchen machen kann, Trudel!

Hwiehiehiehie, Olle wiehert laut und die wilden Pferde antworten. Eines schnaubt so heftig, dass es bis auf die Koppel zu hören ist. Der Schecke galoppiert vor Freude wild über die Wiese. Gleich ist er nicht mehr allein.

Und so wird es dem kleinen Hengst Robin auch bald gehen.

Mama macht den Kofferraum vom Auto auf. Millie soll sich ein frisches T-Shirt anziehen. Den Pferdegeruch würde sonst niemand im Wagen aushalten. Obwohl Pferde gut riechen, Mama! Sie riechen nach … Pferd.

Handy-Andy steht am Zaun und wartet, bis Millie abgefahren ist. Er sieht dem Auto hinterher. Eine Weile guckt sie zurück. Bis Andy sich schließlich verzieht. Alles ist gut.

Die Fahrt nach Hause ist eine Reise von Stunden. Viel Zeit, alles zu verdauen. Sie weiß nicht, welches von den beiden Pferdchen sie lieber hat. Beide musste sie heute leider, leider zurücklassen.

Und Andy?

Was für eine Frage! Pfff.

Millie weiß, dass sie zu Hause sofort ans Küchenfenster

stürzen und hinausschauen wird. Über den Spielplatz hinweg zur Wiese mit dem hölzernen Unterstand.

Hemingway wird da sein und auf sie warten.

Jetzt muss sie noch was wissen. »Mami?«

»Hm?«

»In wie viele warst du denn früher ver… ver… verknallt?«

Mama schweigt eine Weile. Schließlich sagt sie:

»Also …«

Dann fügt sie hinzu: »Geht keinen was an.«

So, so. Von der Seite sieht Millie, wie Papa grinst. Na, der wird auch so seine Geheimnisse haben.